Willi Hoffsümmer (Hg.)

# 77 *Seelenfenster*

*Geschichten, die nach innen führen*

Patmos Verlag

**VERLAGSGRUPPE PATMOS**

PATMOS
ESCHBACH
GRÜNEWALD
THORBECKE
SCHWABEN

Die Verlagsgruppe
mit Sinn für das Leben

MIX
Papier aus verantwortungsvollen Quellen
FSC® C083411
FSC
www.fsc.org

Für die Schwabenverlag AG ist Nachhaltigkeit ein wichtiger Maßstab ihres Handelns. Wir achten daher auf den Einsatz umweltschonender Ressourcen und Materialien.

3. Auflage 2015

www.patmos.de

Umschlaggestaltung: Finken & Bumiller, Stuttgart
Umschlagabbildung: Württembergische Landesbibliothek: Ra 18 Wei 1-1.2 (Weinmann, Johann Wilhelm: Eigentliche Darstellung einiger Tausend in allen vier Welt-Theilen gewachsener Bäume, Stauden, Kräuter, Blumen, Früchte und Schwämme. – Regensburg: Lentzen, 1735)
Druck: CPI – Ebner & Spiegel, Ulm
Hergestellt in Deutschland
ISBN 978-3-8436-0479-6

# *Inhalt*

*Seelen im Gleichklang*



*Die verwandelnde Kraft der Seele*



*Wo Engelsflügel die Seele berühren*

# *Vorwort*

Geschichten sind so alt wie die Menschheit. In ihnen spiegeln sich die Erfahrungen, Hoffnungen und Wünsche vieler Generationen. Gute Geschichten können verzaubern und unsere inneren Fenster aufstoßen, sie berühren unsere Seele.
77 solcher Geschichten, die guttun und unserer Seele Flügel verleihen, habe ich für dieses Buch ausgewählt.
Nehmen Sie sich ein wenig Zeit für die Lektüre, hören Sie in sich hinein und halten Sie Ihre Seele in die Sonne, damit sie wieder atmen kann. Solche Zeiten der Ruhe und Erholung sind Balsam für Seele und Leib. Denn was aus der Stille erwächst, birgt eine große Kraft in sich, die auch unseren Alltag bereichern kann.

Diese Kraft aus der Stille
wünscht Ihnen von Herzen
Ihr

*Willi Hoffsümmer*

# *Mehr nach innen reisen*

## 1
## DAS LIED DER SCHÖPFUNG

Jeden Morgen sprach der Meister zu seinen Schülern über Demut und Güte, Nächstenliebe und Entsagung und andere Aspekte des geistigen Lebens.
An diesem Tag wollte er gerade mit seinem Vortrag beginnen, als draußen vor dem geöffneten Fenster eine Lerche ihr Lied erschallen ließ.
Alle hörten ihr zu, und als der letzte Ton verklungen war, stand der Meister auf und sagte: »Für heute ist die Unterweisung beendet.«

## 2
## DIE TÜR NACH INNEN ÖFFNEN

Zum Meister kam ein Mann, der trotz seiner beruflichen Karriere, seines Reichtums und gesellschaftlichen Erfolges nicht glücklich war.
»Ich habe alles, was ich mir wünschen kann«, sagte der Mann. »Haus, Auto, genug Geld auf dem Konto, Frau und Kinder sind gesund, und doch fühle ich mich nicht wohl. Der Wohlstand ist einerseits natürlich beruhigend, aber andererseits fühle ich mich hilflos, weil ich weiß, dass nicht immer alles so bleiben muss.«
»Du erinnerst mich an den Mann, von dem ich einmal hörte«, antwortete der Meister: »Dieser Mann versuchte eines Abends, ein Tor nach außen hin aufzustoßen. Doch sosehr er sich auch bemühte, das Tor öffnete sich ihm nicht. Verzweifelt fühlte er sich eingesperrt und vermeinte, da draußen sei seine Freiheit. Schließlich war es

Nacht geworden, und erschöpft sank er nieder und schlief ein.
Als er am Morgen erwachte, stellte er fest, dass sich das Tor nach innen öffnen ließ.«

## 3

## KÖNIGREICH SEELE

Ein weiser Mensch betete jahrelang darum, er möge einmal jemandem begegnen, der ihm den Weg zur Wahrheit und zur Glückseligkeit zeige. Eines Tages erfüllte sich sein Wunsch. Vor der Kirche fand er einen Bettler in schäbigen und zerrissenen Kleidern, die kaum den Wert von ein paar Groschen hatten. Er begrüßte den Bettler mit den Worten: »Gott schenke dir einen guten Tag, Bruder!«
»Ich hatte noch nie einen schlechten«, entgegnete ihm dieser.
Erstaunt fragte der Meister, wie so etwas möglich sei.
Der Bettler sagte es ihm: »Ich habe gelernt, in Gottes Gegenwart zu leben. Wenn es regnet oder schneit, wenn ich friere oder wenn schönes Wetter ist, dann danke ich Gott dafür, und so ist es ein guter Tag. Was er mir schickt, sei es Freude oder Schmerz, nehme ich an: denn ich weiß, dass es für mich das Beste ist. Darum kenne ich kein Unglück.«
»Wer bist du eigentlich?«, fragte ihn der weise Mann.
Und wieder antwortete der Bettler zur Verwunderung des Meisters: »Ich bin ein König!«
»Und wo ist dein Königreich?«
»Mein Königreich ist meine Seele. Sie ist größer als irgendein Königreich der Erde.«

»Wie hast du es zu dieser Vollkommenheit gebracht?«
»Alles habe ich auf Gott hin losgelassen. So habe ich in ihm vollkommene Ruhe, innere Freude und ewigen Frieden gefunden. Welches Königreich wäre damit zu vergleichen?«

## 4
## DER WEG

Ein Rabbi bat einst seinen Lehrer: »Weiset mir einen allgemeinen Weg zum Dienste Gottes!«
Der Lehrer antwortete: »Es geht nicht an, den Menschen zu sagen, welchen Weg sie gehen sollen. Denn da ist ein Weg, Gott zu dienen durch die Lehre, und da durch Gebet, da durch Fasten und da durch Essen. Jedermann soll wohl achten, zu welchem Weg ihn seine Seele zieht, und dann soll er sich diesen mit ganzer Kraft erwählen.«

## 5
## DER SELTENE BAUM

Die Kunde kam zum König, in einem fernen Lande wachse ein seltener Baum, dessen Früchte den Menschen Frieden und Glück bescheren.
Sogleich sandte der königliche Herrscher seine Kundschafter aus, um jenen seltsamen Baum zu finden und ihm seine Früchte zu bringen. Jahrelang zogen die Abgesandten des Königs von Dorf zu Dorf, von Stadt zu Stadt, von Land zu Land. Jeden, den sie antrafen, fragten sie nach dem gesuchten Baum, doch keiner wollte ihn je ge-

sehen haben. Entmutigt und des ständigen Umherwanderns müde, kehrten die ausgesandten Knechte heim zu ihrem König, der wegen ihres Misserfolges recht enttäuscht war.
Einer der Männer verirrte sich jedoch auf seinem Weg nach Hause und kam zur Hütte eines Eremiten. Nachdem dieser den Fremden an seinem kargen Mahl hatte teilnehmen lassen, fragte er ihn, wohin denn seine Reise gehe.
»Ich bin auf der Suche nach dem Baum, dessen Früchte den Saft inneren Friedens und beständigen Glücks enthalten. Bist du vielleicht irgendwo diesem Baum begegnet?«
»Ich kenne diesen Baum«, sagte der Wissende weise lächelnd. »Du findet ihn nirgendwo auf der ganzen Welt als nur *in dir*.«
Nach dieser Antwort verabschiedete sich der königliche Bote und kehrte an den Hof des Herrschers zurück. Sogleich trat er vor seinen König, und auf dessen Frage: »Hast du den Baum gefunden?«, entgegnete er: »Ja, ich weiß, wo er ist, und auch du, mein König, wirst ihn finden, wenn du auf die richtige Weise nach ihm suchst.«
»Wo soll ich ihn denn suchen?«, begehrte der Herrscher zu wissen.
»Trachte ihn *in dir* zu finden, indem du versuchst zu erfahren, wer du bist, woher du kommst, wohin du gehst, wozu du lebst. Der Baum, der Frieden und Glück verheißt, ist der Baum der Selbsterkenntnis.
Er hat seine Wurzeln in deiner Seele und will sich in dir zu hoher Bewusstheit entfalten. Erst wenn dieser Baum in dir wachsen und reifen kann, wirst du Glück und Frieden finden.«

## 6 MEHR NACH INNEN REISEN

Meine erste Weltreise hatte mich nach Japan geführt. Ich stand vor dem Phönix-Tempel bei Kyoto, der alten Kaiserstadt.
Ein Mönch erkundigte sich, woher ich käme.
Ich wäre kein Europäer gewesen, wenn ich ihm nicht meine Reise in leuchtenden Farben geschildert hätte. Begreiflich vor einem Buddhisten, dass ich die heiligen Stätten seines Glaubens hervorhob: Bodhgaya in Indien, Kandy auf Ceylon.
Sein Gesicht wurde ernst, immer ernster. Als ich geendet hatte, entstand eine Pause.
Dann der Mönch mit dunkler Stimme: »Welch ein Schicksal Sie haben! Wie leid Sie mir tun, dass Sie reisen müssen. Ich reise nur nach *innen*.«

## 7 DIE SEELE KOMMT NACH

Eine arabische Anekdote erzählt von einem Pilger, der nach Mekka kam, um am Heiligtum zu beten. Aber an der Kaaba, dem heiligen Stein, gelingt es ihm nicht, seine Gedanken zu sammeln. Während seine Lippen leere Formeln sprechen, hört er sich selbst zu und findet seine Gedanken bei ganz anderen Dingen.
Er fragt einen Priester um Rat.
»Seit wann bist du hier?«, fragt der Priester.
»Seit gestern. Ich kam mit dem Flugzeug.«

*Liebe Leserin, lieber Leser,*

gerne informieren wir Sie künftig über unsere Neuerscheinungen. Teilen Sie uns mit, für welche Themen Sie sich interessieren und schicken einfach diese Karte zurück.
Wenn Sie außerdem unsere Fragen auf der Rückseite beantworten, helfen Sie uns, zukünftig genau die Bücher zu machen, die SIE interessieren!

*Gerne revanchieren wir uns für Ihre Mühe:*
Unter allen Einsendern verlosen wir monatlich Bücher aus unseren Programmen im Wert von € 50,-

..........................................................................
VORNAME / NAME

..........................................................................
STRASSE / HAUSNUMMER

..........................................................................
PLZ / ORT

..........................................................................
E-MAIL

Bei Angabe Ihrer Mail-Adresse erhalten Sie rund 6 Mal jährlich unseren Newsletter, der Sie über die uns genannten Themenbereiche informiert.

# *Ihre Meinung ist uns wichtig!*

**Diese Karte lag in dem Buch:**

..............................................................................

**Ihre Meinung zu diesem Buch:**

..............................................................................

..............................................................................

..............................................................................

..............................................................................

**Wie sind Sie auf dieses Buch gestoßen?**

- ○ Buchbesprechung in:
- ○ Anzeige in:
- ○ Verlagsprospekt
- ○ Entdeckung in der Buchhandlung
- ○ Internet
- ○ Empfehlung
- ○ Geschenk

**Für welche Themen interessieren Sie sich?**

- ○ Religion
- ○ Spiritualität & Lebenskunst
- ○ Kinder & Familie
- ○ Kirche & Gemeinde
- ○ Theologie & Religionswissenschaft

- ○ Garten / Kochen / Wohnen
- ○ Kalender & Geschenke
- ○ Psychologie & Lebenshilfe
- ○ Geschichte/Geschichtswissenschaft

»Dann habe Geduld, mein Sohn. Die Seele kommt nach. Sie geht lieber zu Fuß.«

## 8
## SICH IN DIE STILLE VERSENKEN

Vor einem Lotusteich saß der Meister in tiefer Meditation versunken. Die Beine verschränkt, die Hände offen in den Schoß gelegt und die Augen geschlossen, saß er kerzengerade da, und man konnte nicht einmal die Bewegung eines Atemzugs wahrnehmen. Sein Geist wanderte auf dem inneren Pfad, der herausführt aus der diesseitigen Welt.
Ein Unwissender kam vorbei und sah den Meister unbeweglich verharren. Er gewann den Eindruck, dass der Meister am helllichten Tag nichts Besseres zu tun hatte, als inmitten der schönen Umgebung ein Schläfchen zu halten. Empört zupfte er den Nichtsnutz am Ärmel.
»Die schönsten Stunden verschlafen und dem lieben Gott den Tag stehlen! Was bist du nur für ein Faulpelz! Schlafen kannst du, wenn du nach getaner Arbeit müde bist. Los, mache endlich die Augen auf und erfreue dich an den Herrlichkeiten der Schöpfung, solange du dazu noch eine Möglichkeit hast«, empört er sich in selbstgefälligem Eifer.
Langsam kehrte die Seele des Meisters von ihrer inneren Reise zurück.
»Ach, du Unwissender«, sagte der Meister. »Alles, was du mit deinen Augen siehst, sind nur die äußeren Zeichen, Spiegelbilder der wahren Herrlichkeit, die im Strom der Zeit zerrinnen. Du suchst die Wirklichkeit in einem Spie-

gel, doch die Früchte, die du darin erblickst, können deinen Hunger nicht stillen. Die Nahrung, die deine Seele braucht, findest du nur in den Gärten deines Herzens. Die Schimären dieser Welt lenken doch mit immer neuen Reizen ab, weil du die Stimme deines Herzens nicht hören willst, denn der schöne Schein ist dir lieber als der mühsame Weg der Entsagung des Weltlichen. So weißt du nichts von der wirklichen Welt in deinem Innern und läufst weiterhin deinem eigenen Schatten nach, auf der Suche nach dem, was du Glück nennst.
Doch wenn du aus deinem Traum von dieser Welt erwachst, wird es zu spät sein, deine Seele zu trösten. Denn glaube mir, Seligkeit findet allein der, der vor dem Sterben schon stirbt; für den der Tod nicht das Ende des Lebens ist, sondern für den der Beginn des Lebens bereits der Anfang des Todes ist. Wahrhaft glücklich ist der, der schon in diesem Leben an den Rosenhecken des Paradieses entlanggeht und den Duft der Verheißung atmet.«

## 9

## DER WEG DES MITGEFÜHLS

Ein junger Mann sagte zum Abt eines Zen-Klosters: »Ich würde gern in das Kloster eintreten, aber ich habe nichts Bedeutendes gelernt. Mein Vater hat mir nur das Schachspielen beigebracht, was nicht gerade dazu angetan ist, zur Erleuchtung zu führen.«
Der Abt bat um ein Schachbrett, rief einen Mönch, wies ihn an, gegen den jungen Mann zu spielen, und sagte dann: »Wer verliert, muss sterben.«

Der junge Mann fühlte, dass er um sein Leben kämpfte, und das Schachbrett wurde zum Mittelpunkt der Welt. Doch da er alle Strategien kannte, war ihm bald klar, dass er den Mönch schlagen würde. Er bereitete sich auf den letzten Angriff vor, als er sah, dass sein Gegner den Blick eines Heiligen hatte. Er begann, absichtlich falsch zu spielen, um zu verlieren, denn der Mönch würde der Menschheit nützlicher sein. Unvermittelt warf der Abt das Schachbrett zu Boden.

»Du kannst mehr als nur Schach spielen«, sagte er. »Du weißt, dass der Weg zum Licht nicht nur über die Konzentration, sondern auch über das Mitgefühl führt. Ich nehme dich als Schüler an.«

## 10

## WENN ICH STEHE, DANN STEHE ICH

Ein in Meditation erfahrener Mann wurde einmal gefragt, warum er trotz seiner vielen Beschäftigungen immer so gesammelt sein könne.

Dieser sagte: »Wenn ich stehe, dann stehe ich. Wenn ich gehe, dann gehe ich. Wenn ich sitze, dann sitze ich. Wenn ich esse, dann esse ich. Wenn ich spreche, dann spreche ich …«

Da fielen ihm die Fragesteller ins Wort und sagten: »Das tun wir auch, aber was machst du noch darüber hinaus?«

Er sagte wiederum: »Wenn ich stehe, dann stehe ich. Wenn ich gehe, dann gehe ich. Wenn ich sitze, dann sitze ich. Wenn ich esse, dann esse ich. Wenn ich spreche, dann spreche ich. Wenn ich bete, dann bete ich.«

Wieder sagten die Leute: »Das tun wir doch auch.«

Er aber sagte zu ihnen: »Nein. Wenn ihr betet, seid ihr schon wieder bei euren Geschäften. Wenn ihr sitzt, dann steht ihr schon. Wenn ihr steht, dann lauft ihr schon. Wenn ihr lauft, dann seid ihr schon am Ziel …«

## 11

## DAS FREUNDLICHE GESICHT

Eine alte alleinstehende Frau war zu einem Fotografen gegangen, um sich ein Foto machen zu lassen. Sie setzte sich zurecht.
Der Fotograf lud sie ein: »Bitte etwas freundlicher!«
Die alte Frau versuchte es. Doch es gelang ihr nicht.
»Sie müssen freundlicher dreinschauen«, wiederholte der Fotograf.
»Aber wie macht man das?«, wollte die alte Frau wissen.
»Das kommt von innen!«, erwiderte er. »Sie müssen von innen her freundlich dreinschauen!«
Die Frau gab sich Mühe.
»So«, sagte der Fotograf. »Jetzt sehen Sie schon zwanzig Jahre jünger aus.«
Als die Bilder fertig waren, war es für sie eine Offenbarung. Sie sah das Licht in ihren Augen. Da stellte sie sich vor ihren Spiegel und sagte zu sich selbst: »Bitte recht freundlich! Noch freundlicher!« Ein Lächeln lief über ihr Gesicht.
»Wie machen Sie das bloß? Sie sehen ja viel jünger aus!«, fragten die andern.
»Ach«, sagte sie, »das kommt von innen!«

# 12
## EINEN DIAMANTEN ERKENNEN

Rabbi Schalom Bär pries einmal die armen und gewöhnlichen Leute. Munia, ein Chassid, der neben ihm saß, fragte überrascht, was er denn an ihnen fände.
»Sie haben viele Vorzüge«, erwiderte der Rabbi.
»So? Nun, ich kann nichts Besonderes an ihnen finden«, sagte Munia.
Da schwieg der Rabbi. Einige Augenblicke später wandte er sich an den Chassiden und meinte: »Du bist Diamantenhändler, nicht wahr? Darf ich einmal ein paar deiner Steine sehen?«
Sofort zog Munia ein Beutelchen aus seiner Tasche und schüttete den Inhalt vor Rabbi Schalom Bär aus, der ihn mit mäßigem Interesse betrachtete.
»Dieser hier ist ein wunderbarer Stein«, sagte Munia und zeigte auf einen der Diamanten, »ein Juwel von seltener Schönheit!«
Der Rabbi blieb unbeeindruckt und sagte, er könne nichts Besonderes an ihm finden.
»Oh«, sagte Munia, »man muss Fachmann sein, um die Schönheit eines Steines wirklich schätzen zu können.«
Der Rabbi lächelte. »Munia, Munia!«, sagte er. »Auch um die Schönheit der Seele eines einfachen Mannes schätzen zu können, muss man Fachmann sein!«

# *Ein Ankerplatz für die Seele*

## 13
## DIE SEELE IST REICH AN HIMMLISCHEN SCHÄTZEN

Es war einmal ein König, der hatte drei Söhne. Als er alt war, vermachte er dem ersten die eine Hälfte des Königreiches und dem anderen die zweite. Den dritten Sohn hatte er übersehen und ihm keinen Erbteil zugedacht; darüber war dieser Sohn sehr traurig. Der König aber tröstete ihn und sagte: »Ich schenke dir einen Ankerplatz für deine Sehnsucht und deine Träume.«

»Wo finde ich diesen Ort?«, fragte der Sohn den Vater.

»Morgen«, erwiderte der König, »morgen werde ich ihn dir zeigen.«

Am anderen Tag aber war der alte König gestorben.

Der dritte Königssohn machte sich auf, den Ort zu suchen, den ihm der Vater verheißen hatte. Er reiste in der ganzen Welt umher, fand ihn aber nicht. Schließlich, als er meinte, die ganze Welt zu kennen, den versprochenen Ankerplatz aber nicht gefunden hatte, gelangte er auf eine Insel. Kaum hatte er ihren Boden betreten, wusste er, dass er sich dort befand, wohin er sich in seinem Herzen gesehnt und wovon er in den dunklen Stunden der Nächte geträumt hatte. Er war da, wo die Erde und der Himmel, wo Regen und Wind, wo Sonne und Wolken noch zu den Menschen sprechen – wenn man zuhört und sich müht, sie zu verstehen.

Dazu muss man ganz still sein. Manchmal muss man dem Regen sein Gesicht hinhalten, damit er es wäscht, und dem Wind, damit er es trocknet. Und dem Himmel muss man seine Augen schenken, damit er sich in ihnen spiegeln kann, und den Wolken die Trauer des Herzens, wenn die Stunde des Abschieds naht.

Es kann sein, dass dieses Land auch zu dir redet mit seinen Farben und seinem Licht, mit seinem Regenbogen und seinen Sonnenuntergängen, die nicht von dieser Welt sind. Und dieses Land wird vielleicht nicht eher Ruhe geben, bis auch du es annimmst als den dritten Erbteil des alten Königs, der seinem Sohn einen Ankerplatz für seine Sehnsucht und seine Träume versprochen hatte …
Denn die Insel der Seele ist an himmlischen Schätzen so reich, wie sie reicher nicht sein kann.

## 14

## EIN GARTEN VOLLER IDEEN

Eines Tages war ein Atheist zu Besuch bei einem gläubigen Mann. Sie saßen zusammen auf einer Bank im Gemüsegarten.
Der Gläubige deutete auf die Früchte, die in allen Ecken des Gartens reiften, und erklärte, all dies habe er dem gütigen Gott zu verdanken.
»Nun«, sprach der Ungläubige, »wenn dies alles der gute Gott schenkt, weshalb schickt er dir dann das viele Unkraut, das ebenfalls an allen Ecken deines Gartens wuchert?«
Die Frage blieb unbeantwortet, und als die beiden sich nach Jahren wiedertrafen, war aus dem Gärtner von einst ein begnadeter Schriftsteller geworden.
Auf die Frage, woher er denn diesen scheinbar unerschöpflichen Ideenreichtum nehme, antwortete der Gottesfürchtige kurz: »Die meisten und besten Ideen habe ich beim Hacken des Unkrauts in meinem Garten.«

# 15
## MIT DER ARBEIT »BETEN«

Keiner im Kloster kümmert sich so liebevoll um den Innenhof des Kreuzganges wie Pater Michael. Mit viel Hingabe pflegt er die Rosen, sorgt für die Blumenbeete und erledigt die Baumschnitte. Vom Frühjahr bis zum Herbst arbeitet er im Garten und sät Küchenkräuter aus wie Dill, Petersilie und Rosmarin. Viel Aufmerksamkeit widmet er den Heilpflanzen. Besonders schön blüht das ganze Jahr über unter seiner Obhut die Ringelblume, aus der er regelmäßig Salben herstellt. So manche hat die kleinen Leiden seiner Mitbrüder gelindert. In den Beeten vor dem Kloster baut er Gemüse für die Klosterküche an. So trägt er zu guten Mahlzeiten bei, und die Patres danken ihm dafür im stillen Gebet.
Diese viele Arbeit hindert ihn oft, an den gemeinsamen Gottesdiensten teilzunehmen. Zwar versäumt er nie den morgendlichen Chorgesang, auch zum Mittagsgebet findet er sich stets ein. Aber im Bemühen um seine Pflanzen vergisst er schon manchmal das abendliche Ave Maria.
Eines Tages bittet der Abt Pater Michael zu sich. Er maßregelt ihn wegen seiner Einstellung zum gemeinsamen Gebet.
»Der Leitspruch unseres Ordens«, fügt der Vorgesetzte mit strenger Miene hinzu, »ist ›ORA et LABORA‹, bete und arbeite!«
Pater Michael sieht ihn eine Zeit lang an. Dann schreibt er auf einen Zettel: labORA.

## 16
## VERSCHIEDENE WEGE

Ein Schüler spazierte mit Konfuzius auf einer Terrasse. Unten übten junge Männer die Choreographie für ein neues Ballett.
»Seht, wie harmonisch ihre Bewegungen sind«, meinte Konfuzius.
»Ich halte Tanzen für etwas Oberflächliches«, entgegnete der Schüler. »Wäre es nicht besser, die Männer würden ihre Zeit mit Meditieren verbringen?«
Daraufhin entgegnete Konfuzius: »Eine ausgezeichnete Frage! Würden wir glauben, es führe nur *ein* Weg zur Weisheit, wären wir bald müde ohne Begeisterung. Wenn wir aber verschiedene Wege gehen, wenn wir meditieren, tanzen, gärtnern oder Wein keltern, dann entdecken wir andere, neue Seiten in uns. Das macht uns stärker, gibt uns Elan und hilft uns zu reagieren, wenn sich eines Tages Hindernisse in unseren Weg stellen. Die werden uns dann nämlich nicht verwirren.«

## 17
## AUF DEM SEIL DES LEBENS

Eines Tages kam ein Akrobat nach Krasny und verkündete, er wolle auf einem von Ufer zu Ufer gespannten Seil den Fluss überqueren. Ein Rabbi begab sich zum Fluss, um sich die Darbietung anzuschauen.
Als seine Freunde bemerkten, wie gebannt er zuschaute, fragten sie ihn, warum er so stark von der Darbietung mitgerissen sei.

Er antwortete: »Ich bewunderte die Bereitschaft des Akrobaten, sein Leben zu riskieren. Ihr könnt natürlich sagen, er tue es für Geld oder um von der Menge Applaus zu bekommen. Aber das trifft nicht zu. Wenn er es allein aus diesen Gründen täte, würde er ins Wasser fallen. Seine Aufmerksamkeit ist ausschließlich auf eine Sache gerichtet, denn nur so kann er sein Gleichgewicht halten. Seine Rettung verdankt er ausschließlich seinem unbeugsamen Willen, sich gerade zu halten, ohne dabei an irgendeine Belohnung zu denken.

Auf diese Art muss auch der Mensch das dünne Seil des Lebens überqueren.«

## 18

## DER KLEINE STERN

Wieder war er allein und traurig. So fand ihn der Mond auf seiner nächsten Reise.

»Warum bist du so traurig, kleiner Stern?«, fragte er ihn.

Erschrocken blickte der Stern zur Seite. Er war es nicht gewohnt, dass sich jemand Zeit für ihn nahm. Doch der Mond schaute ihn so freundlich an, dass er beschloss, seinen Kummer zu erzählen. Er sprach von seinen Sorgen, seinen quälenden Gedanken und seinen heimlichen Wünschen. Während der ganzen Zeit hatte ihn der Mond nicht ein einziges Mal unterbrochen. Und auch jetzt – der kleine Stern schwieg schon lange – zeigte der Mond keine Reaktion. Es schien, als lauschte er auch dem Schweigen.

Dann endlich begann er zu reden:

»Sieh mal, kleiner Stern, bei uns am Himmel ist es wie bei den Menschenkindern dort unten auf der Erde – auch sie

leuchten alle verschieden. Manche siehst du schon von Weitem, doch wenn du neben ihnen stehst, wird dir plötzlich kalt. Und dann gibt es welche, da musst du schon genau hinsehen, damit du nicht an ihnen vorübergehst. Wieder andere leuchten auf ganz sonderbare Art und Weise. Es ist nicht das Licht, sondern die Wärme, die leuchtet.
Und so verschieden sie auch sind, eines haben sie alle gemeinsam – sie brauchen einander! Der große Mensch den kleinen; der Kühle den, der Wärme gibt. Unser Sternenhimmel wäre wohl nicht vollkommen, wenn es dich nicht gäbe.«
Plötzlich verstand der kleine Stern. Entschlossen wischte er sich die Tränen ab, reckte sich und fühlte sich auf einmal unendlich wichtig. Und er strahlte.
Es wurde zwar immer noch nicht heller als vorher, aber was machte das schon? Er war glücklich.

## 19

## JEDER BRAUCHT EINEN GEGEN DIE ANGST

Es ist Nacht. Ich habe Angst. Ich habe geträumt: Da kommt ein großer Sturm! Ich kann den Wind hören. Ich sehe die weißen Wellen. Sie kommen auf mich zu. Sie sind so hoch wie ein Haus. Ich sitze in einem Boot. Die Wellen sind viel größer. Sie kommen in mein Boot. Der Wind schüttelt mein Boot. Ich kann mich nicht mehr festhalten. Die Wellen sind stärker. Der Wind ist stärker. Ich habe große Angst.
Da bin ich aufgewacht. Es ist Nacht. Ich rufe nach meinem Vater. Er schläft. Ich komme aus meinem Bett. Ich

gehe zu ihm hin. Ich wecke meinen Vater auf. Ich erzähle ihm den Traum und dass ich Angst habe.
Er legt seinen Arm um mich. Ich bin ganz nahe bei ihm. Er sagt: »Es ist gut, dass du gekommen bist. Jetzt können wir miteinander sprechen. Du kannst mir alles erzählen. Dann ist die Angst nicht mehr so schlimm.«
Er sagt: »Jeder hat Angst. Nicht nur im Traum. Ich habe auch Angst.« Ich frage meinen Vater: »Was machst du, wenn du Angst hast?« Er sagt: »Ich spreche mit einem Freund. Der lacht nicht. Der hat mich gern. Der versteht mich.«
Ich frage meinen Vater: »Ist die Angst dann weg?« Er sagt: »Nein. Die Angst ist nie ganz weg. Aber sie ist dann nicht mehr so schlimm. Wer einen Freund hat, der ist gut dran. Der ist nicht allein. Der kann sagen: ›Hilf mir, ich habe Angst.‹« Ich frage meinen Vater: »Und wer keinen Freund hat? Was macht der?« Er sagt: »Der ist mit seiner Angst allein. Das ist schwer. Der kann mit niemand darüber sprechen. Jeder braucht einen Menschen, der ihn gern mag, der ihn lieb hat, der ihm hilft, der mit ihm spricht, der ihm eine Freude macht.« Mein Vater sagt: »Jetzt schlaf wieder ein. Du brauchst keine Angst mehr zu haben.«

## 20
## TRÄUME HABEN FLÜGEL

»Du bist ein Dummkopf«, sagte der Realist eines Tages zum Träumer. »Die Straße des Lebens ist nichts für Träumereien. Sie ist asphaltiert und gerade. Kurven lassen sich vorhersehen. Kreuzungen sind berechen- oder mindestens versicherbar.«

»Du bist ein Dummkopf«, sagte der Realist zum Träumer. »Die Straßen des Lebens sind voller Hektik, gefährlich und eng – da ist kein Platz für große Träume.«
»Ja, gingen die Träume auf unseren Lebensstraßen – du hättest wahrscheinlich recht«, sagte der Träumer zum Realisten und sein Blick folgte dem Wolkenflug.
»Aber bedenke, Träume haben keine Beine – Träume haben Flügel.«

## 21

## IN STEIN GRAVIERT

Zwei Freunde wanderten durch die Wüste. Während der Wanderung kam es zu einem Streit und der eine schlug dem anderen im Affekt ins Gesicht.
Der Geschlagene war gekränkt. Ohne ein Wort zu sagen, kniete er nieder und schrieb folgende Worte in den Sand: »Heute hat mich mein bester Freund ins Gesicht geschlagen.«
Sie setzten ihre Wanderung fort und kamen bald darauf zu einer Oase. Dort beschlossen sie, ein Bad zu nehmen. Der Freund, der geschlagen worden war, blieb auf einmal im Schlamm stecken und drohte zu ertrinken. Aber sein Freund rettete ihn buchstäblich in letzter Minute.
Nachdem sich der Freund, der fast ertrunken war, wieder erholt hatte, nahm er einen Stein und ritzte folgende Worte hinein: »Heute hat mein bester Freund mir das Leben gerettet.«
Der Freund, der den anderen geschlagen und auch gerettet hatte, fragte erstaunt:

»Als ich dich gekränkt hatte, hast du deinen Satz nur in den Sand geschrieben, aber nun ritzt du die Worte in einen Stein. Warum?«
Der andere Freund antwortete: »Wenn uns jemand gekränkt oder beleidigt hat, sollten wir es in den Sand schreiben, damit der Wind des Verzeihens es wieder auslöschen kann. Aber wenn jemand etwas tut, was für uns gut ist, dann können wir das in einen Stein gravieren, damit kein Wind es jemals löschen kann.«

## 22

## MELANIE VERSTEHT MANUEL - AUCH OHNE WORTE

Pfingsten trifft Melanie auf dem Spielplatz einen Jungen, der anders ist als andere Kinder. Vielleicht ist die Frau in dem blauen Mantel seine Mutter? Sie ruft ihn Manuel. Zuerst glaubt Melanie, dass der Junge eingebildet ist, weil er niemanden ansieht.
Er sitzt da, hat einen Kreis in die sandige Erde gezogen und wirft nun Steinchen hinein.
Melanie schaut ihm zu. Es ist seltsam, wenn ein großer Junge immer nur Steinchen in einen Kreis wirft. Vielleicht langweilt er sich, denkt Melanie.
»Hallo«, sagt sie. Der Junge blickt nicht auf.
»Du heißt Manuel«, versucht sie es noch einmal ohne Erfolg. Manuel ist ein hübscher Junge mit einem schmalen Gesicht und großen, dunklen Augen. Steinchen um Steinchen lässt er in den Kreis fallen, weiter nichts.
»Bist du traurig?«, fragt Melanie. Doch Manuel antwortet nicht. Da schmeißt Melanie auch Steinchen. Nun werfen sie abwechselnd, einmal der Junge und einmal sie. Bis es

Melanie langweilig wird. Sie holt eine Handvoll abgefallenes Laub und beginnt, Blätter in den Kreis zu legen. Manuel schaut sie an. Dann macht er es ihr nach.

»Pass auf!«, sagt Melanie. Sie zieht eine Sandale aus und stellt sie in die Mitte des Kreises. Dann die zweite.

Manuel zögert. Doch schließlich streift er seine Schuhe ab und stellt sie daneben. Den rechten und den linken. Und auf einmal lacht er Melanie an.

Melanie wird ganz froh, weil er lacht.

»Er ist ein behindertes Kind«, erklärt der Papa ihr abends zu Hause. »Er kann noch nicht alles, was andere Kinder in seinem Alter können. Für ihn ist es schwieriger, etwas zu lernen.«

»Aber er kann lernen«, sagt Melanie. »Es ist, als ob er eine andere Sprache spricht. Mit seinen Händen spricht er und mit seinen Augen. Und ich verstehe ihn.«

## 23

### BEGEHRTER ALS GELD UND GESCHENKE

Es ist nun schon drei Jahre her. Aber noch immer höre ich das unheimliche Knistern des Feuers in meinen Ohren und dazwischen Stöhnen und verzweifelte Hilferufe. Bei einem nächtlichen Gewitter hatte der Blitz in das nahegelegene Altenheim eingeschlagen. Rasend schnell fraß sich das Feuer durch die alten Balken des Dachstuhls. Rauch und Qualm drangen durch das Haus nach unten in die Zimmer. Angst, ja Panik, machte sich breit, vor allem bei den alten Menschen, die ohne fremde Hilfe nicht aus ihren Betten aufstehen konnten.

Feuerwehr und Rettungsdienste waren schnell zur Stelle. Im einzigen Krankenhaus der Stadt wurden eiligst Betten bereitgestellt. Niemand schwebte in Lebensgefahr. Aber es gab Verletzte mit Arm- oder Beinbrüchen, einige Rauchvergiftungen mussten behandelt und etliche Wunden genäht werden. Verwirrung und Hektik ließen keine Zeit für kleine Probleme. Manch älterer Heimbewohner musste zufrieden sein, dass er in dieser Nacht ein Bett auf einem der Korridore fand.
Rundfunk und Fernsehen berichteten live und eine ungeahnte Welle der Hilfsbereitschaft rollte an. Sach- und Geldspenden aus dem ganzen Land trafen ein. Die Leitung des Altenheimes war sehr froh darüber, denn viele der älteren Menschen besaßen nur noch das, was sie angehabt hatten.
Reporter brauchen immer wieder neue Geschichten. Und so belagerten manche das Krankenhaus von früh bis spät. Immer auf der Suche und in der Hoffnung auf eine sensationelle oder rührselige Story, die sich gut verkaufen ließe.
Der Pfarrer des Krankenhauses machte sich kurzerhand diesen Umstand zu Nutze. In Begleitung einer Schwester trat er vor die Kameras und Mikrofone und startete einen Aufruf:
»Liebe Mitbürgerinnen und Mitbürger, ich möchte Ihnen herzlich danken für Ihre große Hilfsbereitschaft. Viele Probleme können nun rasch und unbürokratisch gelöst werden. Nun bitte ich Sie noch einmal um Ihre Hilfe und Spende. Nein, kein Geld. Ich erbitte von Ihnen etwas viel Wertvolleres – Ihre Zeit!
Viele der alten Menschen hier bekommen keinen Besuch. Manche erlitten einen Schock und werden mit ihren

Ängsten und Sorgen nicht fertig. Ärzte und Schwestern haben alle Hände voll zu tun und können den einzelnen Patienten nicht so viel Zeit widmen, wie sie gerne möchten. Auch kleine Besorgungen sind zu erledigen. Am dringendsten aber brauchen wir Mitmenschen, die einfach zuhören können.
Sie brauchen keine Geschenke mitzubringen. Schwester Hildegard hat mit einigen Jugendlichen Papierblumen gebastelt. Sie stehen in einer Vase in der Eingangshalle des Krankenhauses. Nehmen Sie eine Blume aus der Vase und gehen Sie damit auf eine Station. Jede Krankenschwester weiß Bescheid und führt Sie zu einem Patienten, der Ihre Hilfe braucht. Ich danke Ihnen.«
Das Echo auf diese ungewöhnliche Aktion und Bitte war überwältigend. Sicher, einige Besucher kamen nur einmal, andere aber fühlten, wie sehr sie gebraucht wurden, und setzten ihre Besuche fort. Manch freundschaftliche Verbundenheit ist dadurch entstanden und besteht noch heute.
Längst sind alle Wunden geheilt, alle Schäden repariert, die das Feuer geschlagen hat. Eine schöne Gepflogenheit blieb seit dieser Zeit bestehen: In der Eingangshalle des Krankenhauses steht noch immer eine große Vase, in der gebastelte Blumen warten. Wenn Sie eine herausnehmen und den Mann an der Pforte fragen, dann sagt er Ihnen gerne, auf welcher Station ein Patient liegt, der sich über Ihren Besuch freuen wird. Und auf den Blumen steht: Ich schenke dir eine Stunde meiner Zeit.

# 24
## ROTER MOHN

Es geschah an einem schönen sonnigen Tag. Die Straße war erfüllt von Kinderlärm, als plötzlich meine Welt zusammenbrach.

Ein Schrei tötete das Gelächter. Es war Jackie. Sie rannte auf mich zu. Ihr Gesicht war weiß vor Angst und Schrecken. »Fynn«, rief sie, »oh Gott! Fynn, Anna! Sie ist tot. Sie ist bestimmt tot.«

Eiswasser rann mir den Rücken hinunter. Ich rannte die Straße entlang. Da hing Anna quer über einem Gitterzaun. Ihre Finger griffen kraftlos nach einem Halt. Ich hob sie herunter und wiegte sie in meinen Armen. Schmerz flackerte in ihren Augen.

»Bin vom Baum gefallen«, flüsterte sie.

»Ist gut, Fratz. Wird alles gut. Ich bin bei dir. Ich halte dich fest.«

Mir war so elend. Ich trug Anna nach Hause und legte sie vorsichtig aufs Bett. Der Arzt kam, verband sie und ließ mich mit ihr allein. Ich hielt ihre kleinen Hände und schaute in ihr Gesicht, das sich schmerzlich verzog. Dann versuchte sie ein Lächeln. Das Lächeln gewann. Die Schmerzen versteckten sich. Dank Gott, sie wird gesund werden. Dank, Mister Gott!

»Fynn, wie geht es der Prinzessin?«, flüsterte Anna.

»Es geht ihr gut«, antwortete ich, aber ich wusste nicht, ob es stimmte.

»Sie saß auf einem Baum und konnte nicht wieder runter. Ich bin ausgerutscht.«

»Es geht ihr gut.« »Sie hatte Angst, so viel Angst. Sie ist doch bloß ein Kind.«

»Es geht ihr gut. Ruh dich aus. Ich bleib bei dir. Hab keine Angst«, sagte ich.
»Ich habe keine Angst, Fynn. Kein bisschen.«
»Schlaf, Fratz. Schlaf ein bisschen. Ich bleib bei dir.« Sie schloss die Augen und schlief ein. Es wird alles gut werden, es wird alles gut werden, es wird alles gut werden. Tief innen wusste ich es.
Zwei Tage hielt dieses beruhigende Gefühl an und vertrieb mir die Furcht. Ihr Lächeln und ihre Erzählungen von Mister Gott machten mich sicher. Meine Beklemmungen lösten sich.
Ich sah aus dem Fenster, als sie nach mir rief. »Fynn?«
»Hier, Fratz. Was möchtest du?« Ich wandte mich zu ihr.
»Fynn, es ist so komisch. Es kehrt sich alles von innen nach außen.« Auf ihrem Gesicht malte sich Staunen. Eine Faust presste mir das Herz zusammen.
»Fratz!« Meine Stimme war viel zu laut. »Fratz! Sieh mich an.« Ihre Augen flackerten, als sie lächelte. Ich stürzte zum Fenster, riss es auf. Cory war draußen. »Schnell, hol den Arzt!« Cory nickte und raste davon. Plötzlich wusste ich Bescheid. Ich ging zurück an Annas Bett. Es war keine Zeit zum Weinen. Es war niemals Zeit zum Weinen. Kalte Angst saß in meinem Herzen. Ich hielt ihre Hand. Ich dachte, ich bat, ich betete, ich beschwor Mister Gott.
»Fynn«, flüsterte sie, und wieder lief ein Lächeln über ihr Gesicht. »Fynn, ich habe dich lieb!« »Ich dich auch, Fratz.«
»Fynn, ich wette, Mister Gott lässt mich dafür in seinen Himmel rein.«
»Ich wette, er wartet persönlich auf dich am Tor.« Ich wollte noch viel mehr sagen, aber sie hörte nicht mehr zu.
Die Tage brannten nieder wie große Kerzen. Die Zeit schmolz und gerann zu nutzlosen, hässlichen Klumpen.

Zwei Tage nach Annas Begräbnis fand ich eine Schachtel, in der sie Samenkörner gesammelt hatte. Das gab mir Arbeit. Ich ging zum Friedhof und stand dort eine Weile herum. Wäre ich ihr nur näher gewesen, hätte ich nur mehr von ihr gewusst. Hätte ich ... hätte ich ... Ich streute die Körner auf die frisch aufgeworfene Erde und warf die Schachtel fort.

Ich wollte Mister Gott hassen, wollte ihn aus meinem Leben werfen. Aber er ließ sich nicht verscheuchen. Er wurde spürbarer als je zuvor. Ich konnte nicht hassen, höchstens verachten. Gott war ein Idiot, ein Dummkopf. Er hätte Anna retten können, warum hatte er es nicht getan? Er ließ es einfach geschehen, und es war die unsinnigste Sache der Welt. Dieses Kind ... es war noch nicht acht Jahre alt. Gerade als es ... ach, zum Teufel. – –

Ich lebte weiter. Die Jahre vergingen. Irgendwann geschah etwas, und ich weinte. Ich weinte zum ersten Mal nach Jahren. Vielleicht stimmte mein Kummer nicht? Vielleicht war Annas Leben vollendet gewesen? Vielleicht war alles gar nicht so sinnlos, kein idiotischer Zufall?

Am nächsten Tag ging ich zum Friedhof. Das Kreuz auf ihrem Grab stand ein wenig schief, als sei es betrunken. Die Farbe blätterte ab, aber der Name war noch leserlich: ANNA. Ich wollte lachen, aber man lacht nicht auf einem Friedhof. Aber ich musste lachen. Ich lachte, bis mir die Tränen über das Gesicht liefen. »Also gut, Mister Gott«, lachte ich. »Du hast mich überzeugt. Du bist manchmal ein bisschen langsam, aber irgendwann kommt alles in Ordnung.«

Auf Annas Grab wuchs ein Teppich von blutrotem Mohn. Im Hintergrund standen Lupinen. Die Bäume redeten miteinander die Baumsprache. Anna war zu Hause. Ich

blieb eine Weile stehen, und nach fünf Jahren sagte ich Anna zum ersten Mal: »Auf Wiedersehen.«
Die eisernen Pforten öffneten sich in mir. Ich sagte: »Die Antwort heißt: in mir drin, ganz in der Mitte.«
Und ein kurzer Schreck überfiel mich, als ich Anna sagen hörte: »Und auf welche Frage ist das die Antwort, Fynn?«
»Das ist leicht. Die Frage heißt: ›Wo ist Anna?‹«
Ich hatte sie wiedergefunden. Und ich war sicher, irgendwo saßen Mister Gott und Anna nebeneinander und lachten.

# *Was aus der Stille wächst*

## 25
## STILLE RETTET

Ein Mann hatte sich in der Wüste verirrt. Dann war ihm das Wasser ausgegangen. Immer schwächer wurde er und stürzte schließlich zu Boden. Ohne Hoffnung, Wasser zu finden, gab er den Kampf auf.
Als er so hilflos dalag, umgab ihn plötzlich von allen Seiten absolute Stille. Der Mann dachte: Jetzt könnte ich in Frieden einschlafen. Er ergab sich der Stille.
Da hörte er plötzlich ein Geräusch – so leise, dass er es nur mit äußerster Konzentration ausmachen konnte. Es war das ferne zarte Plätschern wie von Wasser.
Da durchfuhr ihn ein letzter Lebensfunken. Er schleppte sich weiter und gelangte zu einer Quelle, die frisches, kühles Wasser am Fuß einer großen Düne fließen ließ: Wasser für neues Leben.

## 26
## DEIN INNERES ENTSCHEIDET

»Warum sind hier alle glücklich außer mir?«, fragte ein Schüler.
»Weil sie gelernt haben, überall Güte und Schönheit zu sehen«, sagte der Meister.
»Warum sehe ich nicht überall Güte und Schönheit?«
»Weil du draußen nicht etwas sehen kannst, was du in deinem Inneren nicht siehst.«

# 27
## SICH MIT DER SEELE VERSÖHNEN

Zu einem Häuptling, der im Indianerreservat lebte und ob seiner Weisheit bekannt war, kam ein junger Weißer. Er klagte dem Indianer sein Leid: Ein großer Traum vom glücklichen und erfüllten Leben wohne in seinem Herzen. Aber er habe nicht die Möglichkeiten, die er brauchte, um sich seinen Lebenstraum zu erfüllen. Ganz gleich, wie er es auch anpacke, immer stellten sich ihm Grenzen in den Weg. Und seine Partnerin sei wohl auch nicht die richtige Frau. Er habe oft das Gefühl, die ganze Welt sei gegen ihn, und er frage sich, warum denn gerade er nicht glücklich werden dürfe. Oft könne er vor Unruhe nicht schlafen! Er sei so unglücklich mit seinem Leben. Seine Möglichkeiten hätten sich nun so sehr begrenzt, dass er keinen Sinn mehr sehe.

Der Häuptling hörte ihm ruhig und ernst zu. Dann wiegte er den Kopf und sagte zu dem jungen Mann: »Du kommst als Weißer, dem die Welt so viele Möglichkeiten bietet, zu mir, einem Indianer, dem man sein Land und seinen Lebensraum geraubt hat und der seine Tage im Reservat wie in einem Gefängnis verbringen muss, und klagst mir die Grenzen deiner Freiheit? Wie schwer ist doch der weiße Mann zu verstehen!«

Und er führte den jungen Mann hinaus vor das Zelt. Dort lag eine riesige Koppel vor ihnen. Die Pferde grasten friedlich darin. Nur ein schwarzer Hengst jagte durch die Gegend. Der Häuptling zeigte auf das Pferd: »Siehst du ihn? Er lebt schon lange hier im Reservat. Aber immer noch hat er sich nicht abgefunden mit seinen Grenzen. Unablässig läuft er gegen den Zaun der Koppel und reißt

sich wund am Stacheldraht. Er schlägt oft wie wild um sich und verletzt andere Tiere. Er ist temperamentvoll und stark. Aber es ist nicht nur die Leidenschaft, die ihn treibt. Es steckt etwas Dunkles, Unversöhntes in ihm. Und eines Tages wird er daran zugrunde gehen.«
Und der Häuptling blickte dem Weißen tief in die Augen, wies auf den Hengst hin und sagte: »Deine Seele ist wie seine. Etwas Dunkles wohnt in dir, etwas Unversöhntes! Auch du reißt dich wund an den Grenzen deines Lebens! Du kannst das Unabänderliche nicht annehmen. Was es auch sei: Söhne dich aus mit dir selber! Söhne dich aus mit deinem Leben. Sonst richtest du dich selbst zugrunde! Denn es gibt keinen anderen Weg.«

## 28

## ÜBER ALLEM STEHT DIE LIEBE

Zwei junge Männer bemühten sich um die Aufnahme in einen strengen Orden.
»Wisst ihr«, fragte der Abt sie mit prüfendem Blick, »ob ihr wirklich schweigen könnt? In unserer Gemeinschaft gilt das als oberstes Gebot!«
»Gewiss!«, meinte der eine, der Pius hieß. Der andere, Bernhard, nickte nur stumm mit dem Kopf.
»Gut«, begann der Abt wieder, »dann geht morgen früh, wohin euch eure Füße tragen, und sagt am Abend unserer Gemeinschaft, ob ihr immer schweigen konntet.«
Am nächsten Morgen zogen sie los. Wenn sie jemand grüßte, dankten sie durch ein freundliches Kopfnicken. Wenn ihnen jemand ein Scherzwort zurief, lächelten sie stumm. Und dem Landwirt, der sie einlud, ein Stück weit

auf sein Gefährt zu steigen, winkten sie schweigend Dank und Ablehnung zu.
Mittags trafen sie auf dem Marktplatz einer kleinen Stadt auf eine Horde von Jungen, die ein Hündchen quälten. Sie hatten ihm eine Kette an den Schwanz gebunden, die scheppernd über das Pflaster schleifte, wenn es zu fliehen versuchte. Pius wandte den Blick ab und versuchte Bernhard in eine Seitengasse zu ziehen; der aber packte sich einen Jungen, befreite den Hund von seiner Qual und rief Worte über den Marktplatz, die das Lachen der Jungen und der zuschauenden Erwachsenen verstummen ließ. Pius aber schüttelte nur bestürzt den Kopf.
Kurze Zeit später kamen sie durch den Ort, in dem sie aufgewachsen waren. Es dauerte nicht lange, und zwei Mädchen stürzten auf sie zu. Die eine flehte Pius an: »Liebster! Warum bliebst du so lange fort? Bist du mir böse? Liebster! Warum sprichst du nicht mit mir? Hast du alles vergessen?« Pius aber wandte den Blick zur Seite, wehrte die Hände des Mädchens ab und ging weiter, als wäre sie Luft.
Die andere hatte sich Bernhard zugewandt. Weinend sagte sie: »Du weißt, wie sehr ich dich geliebt habe, wie sehr ich dich noch liebe. Sag, dass du mich nicht vergessen hast!« Da konnte Bernhard wieder nicht anders, als zu ihr zu sprechen: »Auch ich habe dich geliebt. Aber ich fühle mich dazu berufen, Gott *ganz* zu dienen. Es liegt nicht an dir, warum ich ging. Weine nicht mehr! Gott segne dich!« Er legte ihr die Hand zum Abschied auf den Scheitel. Da sah er ein Leuchten in ihren Augen und bemerkte nicht den missbilligenden Blick seines Gefährten.

Nicht lange danach – sie waren schon auf dem Heimweg – wandte sich ein Wandersmann an sie. »Ich habe mich verirrt, muss aber heute noch in die Stadt kommen. Wisst ihr den Weg?«

Pius ging schweigend weiter, Bernhard aber blieb stehen und erklärte den Weg.

Es war schon dunkel geworden, als sie in den Saal traten, in dem alle Brüder des Ordens sie schweigend erwarteten.

»Nun«, begann der Abt, »habt ihr an diesem Tag der Prüfung das Schweigen durchgehalten?«

Pius nickte freudig: »Es war zwar manchmal schwer, aber weil ich in meinem Herzen betete, konnte ich alle Prüfungen bestehen. Vater Abt, ich glaube, würdig zu sein, in diesen Orden aufgenommen zu werden.«

Der Abt schaute danach prüfend auf Bernhard, der hilflos die Arme hob und erklärte: »Dreimal habe ich die Prüfung nicht bestanden: Einmal ging es um ein kleines Tier, das gequält wurde, dann begegnete ich meinem Mädchen, das mich noch lieb hat und mich um ein freundliches Wort bat, und schließlich zeigte ich einem verirrten Wanderer den richtigen Weg. Vater Abt, ich bin also unwürdig, hier einzutreten. Aber ich tat, was mir mein Herz befahl. Ich bitte um eine Buße!«

Alle schwiegen – lange. Dann ergriff der Abt wieder das Wort und sagte: »Gott selbst hat uns geboten, für die Stummen den Mund aufzutun. Du tatest also recht, als du der misshandelten Kreatur dein Wort geliehen hast. Wenn du dem liebenden Herz des Mädchens keine Antwort gegeben hättest, wärest du unmenschlich gewesen. Und wer einen Wanderer in die Irre gehen lässt, hat in einem Kloster nichts zu suchen. Warum also eine Buße?

Tritt vor, Bernhard, wir wollen dich Bruder nennen, weil du das Schweigen richtig verstanden hast. Du aber, Pius, hast noch einen weiten Weg vor dir, denn du musst noch lernen, dass die Liebe über allem steht. Die Liebe allein kann dir befehlen, ob du reden oder schweigen musst.«

## 29

## ERST DIE EIGENE TASSE LEEREN

Ein Universitätsprofessor kam zu einem Zen-Meister, um von ihm einiges über Zen zu erfahren. Nanin, der Zen-Meister, reichte ihm Tee. Er goß ihm Tee in die Tasse und goß weiter, als die Tasse bereits überlief. Der Professor sah die Tasse überlaufen und konnte schließlich nicht mehr an sich halten. »Die Tasse läuft über! Sie können nicht noch mehr hineingießen!«
»Wie diese Tasse«, entgegnete ihm Nanin, »sind Sie randvoll mit Ihren eigenen Ansichten und Spekulationen. Wie soll ich Ihnen Zen beibringen können, wenn Sie nicht erst einmal Ihre Tasse leeren?«

## 30

## DAS SCHWEIGEN LERNEN

Der Meister wies immer wieder darauf hin, wie wichtig das Schweigen sei. Nur über die Stille könne sich Unruhe in inneren Frieden verwandeln.
Die Schüler fragten natürlich nach, wie sie zur Stille inmitten einer lärmenden Umwelt kommen könnten. Aber dann wandte sich der Meister mit einem freundlichen

Lachen ab oder legte den Zeigefinger auf die geschlossenen Lippen.
Doch eines Tages erklärte er sich: »Wo immer du bist, schaue sehr konzentriert hin, auch wenn es scheinbar nichts zu sehen gibt. Wo immer du bist, höre genau hin, auch wenn alles absolut still erscheint. Öffne dich also mit all deinen Sinnen: Dann begegnest du dem großen Schweigen, das dich erfüllt und schließlich verwandelt.«

## 31
## EINE ROSE

Die Dame hatte den Rollstuhl aus dem Kofferraum gehoben und schob ihn nach vorn, wo ihr Mann, scheinbar teilnahmslos, auf sie wartete, öffnete dann die Tür des Wagens und blickte sich um, ob ihr jemand behilflich sein könne.
In diesem Augenblick fuhr ein hochkarätiger Mercedes vor ihrem Auto an den Straßenrand, dem ein elegant gekleideter Herr entstieg. Er hatte eben den Wagen verschlossen, als sich die Dame mit ihrer Bitte an ihn wandte.
»Aber selbstverständlich«, sagte der Herr, kam herüber, und sie ließen den Behinderten vom Drehsitz auf den Rollstuhl hinübergleiten.
Die Dame bedankte sich.
Der Herr aber kehrte plötzlich zu seinem Mercedes zurück, schloss auf und bückte sich nach einer Rose, die neben dem Fahrersitz lag, einer roten, wunderschönen, kaum entfalteten Rose, die er – wer weiß, in welcher galanten Absicht – mit sich im Wagen führte. Und er reichte die Blume mit einer leichten Verbeugung der Frau des

Behinderten, sagte kein Wort und ging davon, ohne ihren Dank abzuwarten.

## 32
## ES WÄRMT

Eine arme Frau wurde von einem modernen Zweifler gefragt: »Was lesen Sie da?«
»Ich lese das Wort Gottes.«
»Das Wort Gottes? Wer hat Ihnen das gesagt?«
»Er selbst hat mir das gesagt.«
»Wie können Sie das beweisen?«
Zum Himmel aufblickend, sagte die arme Frau: »Können Sie mir beweisen, dass die Sonne am Himmel steht?«
»Hm, natürlich, der beste Beweis ist, dass sie mich wärmt und ich ihr Licht sehen kann.«
»Genau so ist es«, lautete die freudige Antwort der Frau. »Der beste Beweis, dass dieses Buch das Wort Gottes ist, liegt darin, dass es meine Seele wärmt und erleuchtet.«

## 33
## DER SONNTAG OHNE SEELE

Kürzlich traf ich in den Straßen einer großen Stadt den Sonntag. Ich erschrak, denn er sah schlecht aus, krank und müde.
»Ja, es geht mir gar nicht gut«, meinte der Sonntag traurig.
»Ich war bei vielen Professoren und Ärzten; auch sie sind ratlos, und ihre Diagnose ist verwirrend. Manche von ih-

nen meinen, ich leide unter einer Neurose. Und denken Sie nur, einer sagte zu mir: ›Du armer, alter Sonntag, die Menschen haben dir die Seele geraubt; du wirst bald sterben.‹«

Da war ich neugierig und ich fragte ihn: »Hast du wenigstens noch die Apotheke Gottes?«

»O ja«, sagte er, »sie ist mein kostbarster Schatz. Die Sonne und die Stille und die Freiheit und das Ausruhen und das Loslassen … und all die vielen Kräuter als Angebote zum Heilen der Menschen. Diese Apotheke Gottes habe ich noch, aber die Menschen fragen kaum mehr danach. Ganz schlecht geht es mit den Kräutlein Ruhen und Beten und Glauben, ganz schlecht«, murmelte der alte Sonntag und bog um die Ecke.

## 34
## DIE SACHE MIT DER ZEIT

Auf seiner Wanderschaft wird ein Mönch von einem eiligen Händler überholt, der sein Ochsengespann mit der Peitsche antreibt. Er fragt den Mönch, wie lange es noch bis zur nächsten Stadt sei.

Der Mönch antwortet: »Wenn du weiterhin deine Ochsen jagst und mit der Peitsche schlägst, wirst du mehr als zwei Stunden brauchen. Wenn du aber langsam fährst, bist du in einer halben Stunde dort.«

Der Händler achtet nicht auf die Worte und rast weiter.

Als sich der Mönch nach einem langen, ruhigen Fußmarsch der Stadt nähert, sieht er den Händler mit seinem Ochsengespann im Graben liegen. Der Händler schimpft und flucht und lässt seine Wut an dem Mönch aus.

Der bleibt gelassen: »Ich habe dir gesagt, dass du bei einem gemäßigten Tempo in einer halben Stunde in der Stadt bist.«

# *Die Seele in die Sonne halten*

# 35
## DIE SEELE FÜR DEN AUGENBLICK ÖFFNEN

Ich wollte gern den Bus nehmen, und dann tat ich es nicht, weil ich nicht das Geld dafür hatte. Das heißt: Ich wollte es nicht dafür ausgeben. Für jemand mit meinen Mitteln ist der Fahrpreis hoch. Ich sagte mir: »Dann laufe ich eben.«

Allerdings tat ich es nicht gern, denn ich war ein bisschen müde und stellte es mir langweilig vor, einen Fuß vor den anderen zu setzen; vor allem, wenn man den Weg schon hundert Mal gegangen ist.

Und dann schickst du diesen Lichtzauber, Herr. Wie schön das war! Der Himmel ganz in Aprikosen- und Goldfarbe getaucht, davor die Bäume als Silhouetten. Eine Stunde lang kreiste und tanzte das Licht, und dann erlosch es, und ein einziger Stern stand am Himmel.

Es wäre nicht genug zu sagen, dass ich froh bin, zu Fuß gegangen zu sein. Und wenn ich überhaupt von deiner Güte und Herrlichkeit sprechen sollte, müsste ich laut jubeln und singen. Ekstase – das verstehen die Menschen nicht bei einer 76-Jährigen, und so alt bin ich nun einmal. Aber manchmal, lieber Gott, nur zwischen uns beiden, da singe und jubele ich doch – einfach aus Freude am Leben.

## 36
## EIN LÄCHELN

Denke ich an die Zeit zurück, als ich – zwanzig Jahre jung – in der Ausbildung stand, so scheint es mir, als wäre ich damals immer traurig gewesen, trübsinnig vor Liebeskummer bis an die Grenze der Depression. Morgens war es am schlimmsten. Ich wünschte mich abgrundtief zurück in den Schlaf, und auf dem Weg ins Geschäft graute mir vor dem glanzlosen Tag.
An jedem Morgen um dieselbe Zeit kreuzte eine Radfahrerin meinen Weg, eine kleine, unauffällige Frau, offenbar eine Arbeiterin auf dem Weg zur nahen Textilfabrik. Auch sie wirkte lustlos, in der Mühle des Alltags verschlissen, eine Leidensgenossin. Jede fuhr – oder ging – ihren monotonen Weg gestern wie heute und wahrscheinlich auch morgen.
Eines Tages aber, plötzlich, blickt sie mich an, einfach so, wie man eben die Augen umherschweifen lässt. Ich fühle mich in meinen trüben Gedanken aufgestört und nicke andeutungsweise. Da geschieht es, dass die kleine, unscheinbare Frau für einen Augenblick aufstrahlt wie die Sonne zwischen Regenwolken. Mit dem charmantesten Lächeln, das mir je begegnet ist, grüßt sie zurück.
Bis zum heutigen Tag habe ich niemals solch ein reizendes Lächeln gesehen. Jeder Hollywoodstar, der vor der Kamera seine Zähne zeigt, müsste verblassen vor Neid vor dem Charme dieser Arbeiterin.
In der Hoffnung, sie wieder strahlen zu sehen, grüßte ich die Unbekannte am nächsten Tag schon von Weitem. Und wirklich: Sie lächelte, reizend wie gestern, zurück.

Unser Grußkontakt blieb, solange unsere Wege sich kreuzten, ein Ritual jeden Morgens. Oft war es der einzige Lichtstrahl an einem grauen Tag, ein Funke Glück. Ich habe den Namen der kleinen Arbeiterin niemals erfahren und sie wahrscheinlich nicht den meinen. Sie hat mich gelehrt, dass man Lächeln verschenken kann.

## 37

## VON DUNKLEN TÄLERN UND WARMEN STRAHLEN

Einmal erfuhr die Sonne von einem Tal, welches sie noch nie gesehen hatte.
»Es lohnt nicht, es zu besuchen«, sagte der Mond, »im Tal ist alles kahl, kalt und steinig.«
Dennoch machte die Sonne sich auf, das Tal zu suchen. Zwischen schroffen Felswänden fand sie es dann auch, genau, wie es ihr der Mond beschrieben hatte.
Ganz vorsichtig näherte sie sich, und im Tal dämmerte erstmals ein Morgen. Die Sonne blinzelte behutsam ein paar Strahlen über die Berge hinein ins Tal.
Wie eine Hand sich zärtlich auf eine andere legt, legte sie schließlich ihre Strahlen warm in die Talsohle.
Als der Mond einige Zeit später fahl in das einst so kahle Tal leuchtete, traute er seinen Augen kaum. Überall war saftiges Grün und farbenfrohes Blütenmeer. Selbst zwischen den schroffen Felsen schauten trotzig einige Blüten hervor.
Unglaublich, was einige freundliche Strahlen und etwas Wärme in einem dunklen Tal bewirken können.

# 38
## ÜBER DEM NEBEL

Der Tag hatte gut angefangen. Die drei Männer waren schon früh aufgestanden, hatten nach dem Frühstück ihre Ausrüstung zusammengepackt und waren bereits beim ersten Licht der Morgensonne unterwegs.
Ein großes Ziel wartete auf sie, der Aufstieg auf den hohen Berg, den sie seit Langem geplant hatten. Sie freuten sich darauf. Von oben sollte es einen unvergleichlich schönen Blick über die ganze Welt der Berge geben, einen Blick weit ins Land hinein.
Während sie so gingen und in den nächsten Stunden Stück für Stück aufstiegen, kamen Wolken auf und setzten sich rund um den hohen Berg fest. Wie eine Krone verdeckten Wolkenschleier den Gipfel, eine Nebelhaube war wie eine Mütze über den Berg gezogen. Der Blick in die Nachbartäler zeigte dort weiterhin Sonnenstrahlen, das Wetter schlug also nicht grundsätzlich um, vor Regen und Gewitter brauchten die drei keine Angst zu haben.
Doch sie hielten an und machten Rast. »Es hat keinen Sinn, weiter aufzusteigen«, sagte der Erste. »Wir sehen da oben doch nichts. Ich gehe zurück.«
»Wer weiß«, entgegnete der Zweite. »Ich weiß nicht, ob wir etwas sehen werden, aber ich gehe doch weiter. Ich versuche es einfach einmal.«
»Was mich betrifft«, meinte der Dritte, »ich vertraue darauf, dass man von oben doch etwas sehen kann. Der Nebel wird sich schon lichten. Und wenn nicht, wir sind dann über dem Nebel im Licht.«
So stieg der eine ab, nur kurz noch zu den Wolken über ihm zurückblickend. Der Zweite ging – ein wenig zö-

gernd – weiter und folgte dem dritten Mann, der mit kräftigen Schritten bergan ging. Sie erreichten die Nebelhaube und brauchten fast eine Stunde, bis sie, kurz unter dem Gipfel, wieder ins Licht traten.
Eine überwältigende Sicht erwartete sie, hohe Gebirgsketten in der Ferne, weites Land bis zum Horizont, die Wolkenschleier unter ihnen und über allem das strahlende Licht der Sonne.

## 39

## REICH UND DOCH ARM

»Wissen Sie«, sagte der Fremde, »ich bin so unglaublich reich …«
Seine Stimme klang dabei weder stolz noch glücklich, und es dauerte einige Sekunden, ehe er nachdenklich fortfuhr: »… so unglaublich reich, dass ich die ganze Welt kaufen könnte.«
Philippes Blick schweifte über den mit Gänseblumen übersäten Rasen vor der Parkbank, auf welcher er die Nächte verbrachte. Sein Blick erhob sich in die Kronen der Bäume über ihm, welche er jeden Morgen, noch vor dem Aufstehen, bestaunte.
Dahinter der strahlend blaue Himmel, der sich langsam in der Dämmerung rötlich färbte. Philippe dachte an das Konzert der Vögel am frühen Morgen und das Zirpen der Grillen vor dem Sonnenuntergang.
Seine Hände griffen nach dem weichen Holz der Dielen seiner Bank und der sanfte Wind blies ihm den Geruch des blühenden Löwenzahns ins Gesicht.

»Es tut mir sehr leid, aber ...« Philippe sah den Fremden bedauernd und lächelnd an: »Ich verkaufe nicht.«

# 40

## SONNE IM HERZEN BEHALTEN

Der Schulhof füllt sich. Die Lernanfänger sind gekommen mit Mutter oder Vater, manche sogar mit beiden. Einige haben auch die Großeltern mitgebracht. In den Armen halten die Kleinen Schultüten, in denen Süßigkeiten, Spielsachen und Kleinigkeiten für den Unterricht sind.

Zwischen ihren neuen Klassenkameraden steht Vivien. Sie hat keine Schultüte im Arm, sondern eine wunderschöne, große Sonnenblume. Mit ihr betritt sie auch den Klassenraum. Alle Kinder nehmen Platz und dürfen die Dinge zeigen, die sich in ihren Tüten befinden. Als Vivien an die Reihe kommt, hebt sie ihre Sonnenblume hoch. »Die«, erklärt sie, »hat mir mein Großvater geschenkt. Er steht auf dem Schulhof und hält meine Tüte dafür in seinem Arm.«

Alle staunen, auch die Lehrerin.

Vivien fährt fort: »Er hat gesagt: ›Für euch alle beginnt heute ein neuer Lebensabschnitt. Die Sonnenblume soll uns daran erinnern, dass wir immer – auch bei Schwierigkeiten, die jetzt kommen können – die Sonne im Herzen behalten.‹«

Frau Fröhlich geht auf Vivien zu. »Darf ich die Blume mit nach vorn nehmen?«, fragt sie. Das Mädchen nickt. Frau Fröhlich stellt die Blume auf ihr Pult. Dann sagt sie zu ihren Schülern und Schülerinnen, die erstaunt schauen:

»Viviens Großvater hat recht. Wir lernen lesen, schreiben und rechnen, aber auch hören und sehen. Es kommen viele interessante Stunden auf euch zu, aber auch schwere und mühsame Zeiten. Lernen wir von der Sonnenblume. Wenn uns etwas schwerfällt und wir uns anstrengen müssen, dann machen wir es wie diese Blume.« Frau Fröhlich zeigt auf sie. Dann fährt sie fort: »Sie wendet sich stets der Sonne zu und lässt die dunklen Schatten hinter sich.«

## 41

## DAS GEHEIMNIS DER ROSE

Während seines Pariser Aufenthaltes ging der Dichter Rainer Maria Rilke täglich um die Mittagszeit in Begleitung einer jungen Französin an einer alten Bettlerin vorbei. Stumm und unbeweglich saß die Frau da und nahm die Gaben der Vorübergehenden ohne jedes Anzeichen von Dankbarkeit entgegen. Der Dichter gab ihr zur Verwunderung seiner Begleiterin, die selbst immer eine Münze bereit hatte, nichts. Vorsichtig darüber befragt, sagte er: »Man müsste ihrem Herzen schenken, nicht ihrer Hand.« An einem der nächsten Tage erschien Rilke mit einer wundervollen, halberblühten Rose. Ah, dachte das Mädchen, eine Blume für mich, wie schön! Aber er legte die Rose in die Hand der Bettlerin.
Da geschah etwas Merkwürdiges: Die Frau stand auf, griff nach seiner Hand, küsste sie und ging mit der Rose davon. Eine Woche lang blieb sie verschwunden. Dann saß sie wieder auf ihrem Platz, stumm, starr wie zuvor. »Wovon mag sie die ganzen Tage über gelebt haben?«,

fragte sich Rilkes Begleiterin. Er antwortete: »Von der Rose!«

## 42

## DIE VERSTEINERTE PRINZESSIN

Die Geschichte von der versteinerten Prinzessin und dem Steinmetz, der sie erlöste, ist eine Geschichte, die uns allen auch hätte geschehen können.

Wie viele sehnte sich die Prinzessin nach einem Gefährten und träumte von einem Märchenprinzen. Weil die Prinzessin schön und klug war und dazu in einem Schloss wohnte, fehlte es nicht an Freiern. Sie empfing sie, mit der Krone auf dem Kopf, in einem Saal auf einem goldenen Thron. Sie stellte jedem, der sich um ihre Gunst bemühte, nur eine Frage: *Wer bin ich?* Aber keiner vermochte ihr eine richtige Antwort zu geben. Aus Angst, sich selbst zu verraten, blieb sie unbeweglich auf ihrem Thron sitzen. Sie setzte ein Lächeln auf ihre Lippen und schwieg.

Die jungen Männer wurden es bald müde, sie zu bewundern, und dachten am Ende, die Prinzessin sei nichts anderes als eine lebende Puppe. Je mehr Freier wieder davongingen, umso öfter träumte sie von einem Märchenprinzen. Und je länger sie auf ihn wartete, umso weniger rührte sie sich. Ohne dass sie es merkte, wurden ihre Füße zu Stein, dann auch die Beine, dann der Körper, dann die Arme und Hände und zuletzt auch das Lächeln auf ihren Lippen. Außer dem Vater und der Mutter trauerte niemand um sie. Der König und die Königin stellten ihr versteinertes Kind an den Rand eines alten

Brunnens und weinten. Aber als sie sahen, dass sich Vögel auf seine Schultern setzten, Eichhörnchen an ihm emporkletterten und Kinder zu seinen Füßen spielten, trösteten sie sich.

Nach einer Zeit kam aus einem fernen Land ein Steinmetz daher. Er sehnte sich nach einer Frau. Doch seine Suche war bisher vergeblich geblieben. Müde und durstig stieg er von seinem Pferd und setzte sich an den Brunnen.

Da sah er die versteinerte Prinzessin und erschrak. Er konnte den Blick nicht mehr von ihr wenden. Er fuhr mit den Händen über ihren Körper, über ihr Haar, über ihre Lippen und fragte sie sogar nach ihrem Namen. Aber weder seine Worte noch seine Zärtlichkeit konnten sie lebendig machen.

Da ging er aufs Schloss zum König und zur Königin und bat sie, ihm die Brunnenfigur zu verkaufen. Der König und die Königin schüttelten den Kopf und wollten ihm die versteinerte Prinzessin auch um alles Geld, das der Steinmetz für sie bot, nicht geben.

Da ließ sich der Steinmetz am Brunnen nieder. Weder Hitze noch Frost, weder Schnee noch Regen vermochten ihn zu vertreiben. Je länger er die versteinerte Prinzessin betrachtete, umso mehr begehrte er sie. Weil er sich nicht mehr richtig ernährte und auch keinen Schlaf mehr fand, wurde er krank.

Der König und die Königin, die ihn von einem Fenster aus beobachteten, fürchteten endlich um sein Leben. Sie empfanden Mitleid und beschlossen, ihm die versteinerte Prinzessin zu schenken, ohne aber ihr Geheimnis zu verraten.

Der Steinmetz lud die Brunnenfigur auf einen Wagen, spannte sein Pferd davor und kehrte nach Hause zurück. Er beschloss, die versteinerte Prinzessin in seiner Werkstatt aufzustellen und die Suche nach einer Frau aufzugeben. Aber die versteinerte Prinzessin war so schwer, dass der Wagen unterwegs zusammenbrach. Die Prinzessin rollte auf die Erde und fiel in zwei Stücke. Der Steinmetz war traurig über das Unglück. Doch nach einer Weile flickte er den Wagen, hob die beiden Stücke der versteinerten Prinzessin auf, fügte sie sorgfältig zusammen und fuhr weiter.

Doch auf einmal spürte er, dass das Gewicht auf seinem Wagen immer leichter wurde. Er drehte sich um und erlebte, wie die versteinerte Prinzessin langsam zum Leben erwachte, zuerst die Füße, dann die Beine, dann der Körper, dann die Arme und Hände und zuletzt auch das Lächeln auf ihren Lippen. Als sie die Augen aufschlug und seinem Blick begegnete, fragte sie zum ersten Mal und voller Staunen: *Wer bist du?* – Und weil diese Frage, die sie sich gegenseitig stellten, schwer zu beantworten war und viel Zeit brauchte, heirateten sie und wurden glücklich.

Vor dem Schloss aber, am Rande des alten Brunnens, steht heute noch eine versteinerte Prinzessin, an der die Eichhörnchen emporklettern und zu deren Füßen die Kinder spielen. Der Steinmetz hat sie nach seiner lebendigen Frau aus Stein herausgemeißelt.

# 43
## DIE BLUMENKÖNIGIN

Eines Tages kamen die Blumen zusammen, um die schönste unter ihnen als Königin zu krönen. Aus Feldern und Wäldern, Wiesen und Gärten, Bergen und Tälern strömten sie herbei.

»Es ist doch wohl klar«, bemerkte die Rose stolz, »dass mir der Ruhm der Königskrone gebührt. Von allen werde ich am meisten bewundert und sogar als Symbol der Liebe verehrt.«

»Eingebildete Ziege!«, empörte sich die Gladiole. »Schau mich doch an! Keine von euch ist so hochgewachsen, und keine hat so viele leuchtende Blüten wie ich. Keine Frage – ich bin die Schönste! Ich muss Königin werden!«

»Moment mal!«, meldete sich das reine Stimmchen des Schneeglöckchens. »Ich bin zwar längst nicht so groß wie du, dafür bin ich die erste Blume nach dem langen, traurigen Winter. Man nennt mich ›Frühlingsbote‹, und die Menschen halten sehnsüchtig Ausschau nach mir. Wählt mich zur Königin!«

»Dass ich nicht lache!«, ereiferte sich daraufhin die Schlüsselblume. »Von meiner Art gibt es nur noch ganz wenige. Ich stehe unter Naturschutz! Alles, was selten ist, ist schön!«

»Schaut her!«, rief das Edelweiß mit samtweicher Stimme. »Meine Lebensbedingungen sind beschwerlich. Auf kärglicher, steiniger Erde wachse ich hoch in den Bergen. Trotzdem habe ich mich zu einem wunderschönen Stern entwickelt, zart und glänzend wie Samt. Schönheit und Bescheidenheit strahle ich aus!«

»Vor allem Bescheidenheit!«, lästerte das Vergissmeinnicht. »Jeder, der mich anschaut, ist von meiner Schönheit so gefangen, dass er mich nie mehr vergessen kann. Nicht umsonst trage ich diesen edlen Namen!«
So stritten die Blumen und steigerten sich mehr und mehr in die Darstellung ihrer eigenen Vorzüge hinein.
Ein wenig abseitsstehend, hatte eine Silberdistel diese heftige Diskussion mitverfolgt. Nachdenklich hatte sie ab und zu ihren Kopf geschüttelt. Nun meldete sie sich zu Wort: »Wisst ihr überhaupt, was Schönheit ist?«
»Du!«, fielen die anderen Blumen über sie her, »ausgerechnet du willst uns etwas über Schönheit erzählen? Wie kannst du es überhaupt wagen, dich als Blume zu bezeichnen?«, schnauzte die Rose sie an und wurde vor Zorn noch roter. »Du stacheliges Etwas! Das bisschen Silber, das du an deiner sogenannten Blüte trägst, täuscht nicht darüber hinweg, dass du eine Distel bist. Du kannst dich nicht einmal deiner Größe rühmen!«
»Lass sie doch, sie kann doch nichts dafür«, versuchte das Schneeglöckchen zu vermitteln. Ihm tat die Silberdistel plötzlich leid. Auch einige andere Blumen ergriffen – angesichts der Taktlosigkeit der Rose – jetzt Partei für die bedauernswerte Pflanze.
»Schon gut, schon gut«, wehrte die Silberdistel lächelnd ab. Zur Rose gewandt, sagte sie: »Deine harten Worte können mich nicht treffen, denn ich weiß, dass ich schön bin.« Ihr Gesicht hellte sich auf, als sie fortfuhr: »So manches Mal habe ich früher gejammert und mir nichts sehnlicher gewünscht, als in dein Kleid schlüpfen zu können. Oder ich wollte im bunten Reigen der Kornblumen und des roten Mohns tanzen oder mich als Pusteblume vom sanften Wind davontragen lassen, schwere-

los und frei. Aber ich war eben nur eine Distel, schwerfällig, farblos und voller Stacheln, bis zu dem Tag, an dem ich schön wurde.« Die anderen Blumen staunten nur.

»Ja, ihr habt richtig gehört: Schön ist man nicht, schön wird man!

Es war ein herrlicher Sommertag, doch ich hatte keinen Blick für den blauen Himmel. Nicht einmal die Wärme der Sonnenstrahlen habe ich gespürt, vor lauter Kummer und Selbstmitleid. Da drangen von fern Kinderstimmen an mein Ohr, frohe, unbeschwerte Stimmen. Das machte mich noch trauriger. Sie kamen immer näher, und plötzlich hörte ich die aufgeregte Stimme eines kleinen Mädchens: ›Schaut mal diese Blume da! So eine schöne habe ich noch nie gesehen!‹ Eifersüchtig schaute ich mich um, doch weit und breit war keine andere Blume zu sehen. Ich kann doch nicht gemeint sein, dachte ich und lugte ganz vorsichtig nach oben. Was ich sah, war wunderbar: Ein strahlendes Kindergesicht, leuchtende Augen. Diesen staunenden, liebevollen Blick werde ich nie mehr vergessen. Seither weiß ich, dass Schönheit nichts mit einem schlanken, hohen Wuchs, nichts mit der Farbe und dem Aussehen, ja nicht einmal etwas mit Nützlichkeit zu tun hat. Jeder ist schön, den ein Blick der Liebe trifft.«

Atemlos hatten die Blumen zugehört. Nun standen sie da, beschämt, mit gesenkten Köpfen. »Ich glaube«, hauchte das Edelweiß verlegen, »wir brauchen keine Schönheitskönigin.« Und die Rose stotterte ein kurzes »Verzeih mir …!«

# *Seelen im Gleichklang*

# 44
## ZWEI IM EINKLANG

Zwei Stimmen unterhielten sich: »Du klingst so wunderschön. Bitte sing mir ein Lied!«, bettelte der Bass mit tiefer Stimme.
Der Sopran ließ sich nicht lange bitten. Hell und klar tönte sein Gesang durch den Raum. Als er geendet hatte, forderte er den Bass auf: »So, jetzt bist du an der Reihe. Sing, so laut du kannst!«
Sogleich erschallte die dunkle, voluminöse Stimme des Basses, der dem Sopran sein Lied widmete.
»Wollen wir in Zukunft zusammen musizieren?«, fragte der Bass.
»Warum nicht?«, antwortete der Sopran und stimmte sogleich ein Lied in einer hohen Tonlage an.
Der Bass gab sein Bestes, aber in dieser Höhe konnte er seine Stimme nicht entfalten. »Es klingt schrecklich, wenn ich versuche, meine Stimme der deinen anzupassen. So hoch kann ich leider nicht singen«, jammerte er schließlich.
Also versuchten die beiden ein Lied in tieferer Tonlage. Aber hier war der Sopran überfordert. Von seiner sonst so klaren Stimme war nur ein Krächzen zu vernehmen.
Ratlos sahen sich die zwei Stimmen an. So gerne wären sie miteinander im Einklang gewesen. Aber dazu waren sie wohl zu verschieden.
»Schade«, dachten sich die zwei Stimmen und seufzten aus tiefster Seele. Da schmiegten sich die zwei Seufzer aneinander und vereinigten sich zu einem Zweiklang.
Als sie das hörten, ging den Stimmen ein Licht auf und sie begannen zweistimmig zu singen. Jeder blieb in seiner

Tonlage – aber im Miteinander ergaben sich wunderschöne Harmonien. Und ihr Lied wurde nie langweilig.

## 45

## WORAUS DAS LIED DER LIEBE WÄCHST

Einmal in der Hohen Sierra beobachtete ich, wie mein indianischer Träger sich jeden Tag zu einer bestimmten Stunde absonderte, um mit seinen Füßen einige Schritte rhythmisch zu tanzen und dabei leise zu singen.
Auf meine Frage sagte er, es sei ein Lied, das er gemacht habe, damit seine Frau und er es singen könnten, wenn sie voneinander getrennt seien.
Das Lied hatte keine Worte, es war nur eine Melodie. Egal, wo sich die beiden befanden: Wenn die Sonne einen Bogenschuss oberhalb des Horizontes stand, wandte sich jeder von ihnen in die Richtung, in der er den anderen vermutete, und sie sangen zusammen.

## 46

## DIE GITARRENSAITE

Es war einmal eine Gitarrensaite. Sie lag dicht neben der Gitarre und dachte: »Wenn ich so daliege, dann bin ich frei; bin ja nicht eingespannt. Das fehlt gerade noch: Ich mich einspannen lassen auf dem altmodischen Klangkörper und dann noch neben die brummige Bass-Saite rechts und die abgegriffene d-Saite links! So weit kommt das noch!« – Sie konnte die alte Gitarre und die Nachbarsaiten nicht gut sehen. Aber immer unglücklicher wurde

die Gitarrensaite in ihrer einsamen Freiheit. Sie lag daneben und dachte: So kann's nicht weitergehen!
Da war auch ein Spieler, der sein altes Instrument sehr liebte. Er hatte sich geschworen, niemals eine Saite einzuspannen, wenn sie nicht wollte. So musste er oft lange, lange warten, bis er wieder spielen konnte. Und nun sah er, wie die Gitarrensaite, am Boden liegend, unter ihrer Bedeutungslosigkeit litt. Er dachte: Wenn du wüsstest, was in dir steckt, welche Musik! Da sah er, wie die Saite ihn anblickte voller Not und Sehnsucht.
Da nahm er sie, behutsam spannte er sie ein, immer etwas mehr. Sie beginnt zu klingen, immer besser. Da nun hat sie die ihr genau entsprechende Tonlage erreicht und unversehens klingt sie in Harmonie mit den ganz anderen Nachbarsaiten. Das Spiel kann beginnen. Und Scharen von Menschen können begeistert werden.

## 47

## VON DER MITTE GEHALTEN

Der Abt eines Klosters wurde von Besuchern gefragt: »Wie ist es möglich, dass alle Mönche trotz ihrer verschiedenen Herkunft, Veranlagung und Bildung eine Einheit darstellen?«
Statt einer theoretischen Erklärung antwortete der Abt mit einem Bild: »Stellt euch ein Rad vor. Da sind Felge, Speiche und Nabe. Die Felge ist die umfassende Mauer, die aber nur äußerlich alles zusammenhält. Von diesem Rand des Rades aber laufen die Speichen in der Mitte zusammen und werden von der Nabe gehalten. Die Speichen sind wir selbst, die Einzelnen unserer Gemein-

schaft. Die Nabe ist Jesus Christus. Aus dieser Mitte leben wir. Sie hält alles zusammen.«
Erstaunt schauten die Besucher auf, sie hatten etwas Wichtiges verstanden. Doch der Abt sagte weiter: »Je mehr sich die Speichen der Mitte nähern, umso näher kommen sie auch selbst zusammen. Ins konkrete Leben übertragen heißt das: Wenn wir uns Christus, der Mitte unserer menschlichen und geistlichen Gemeinschaft, wirklich und ganz nähern, kommen wir auch einander näher. Nur so können wir miteinander und füreinander und damit auch für andere leben.«

## 48

## DIE BLUMEN DES BLINDEN

In einem kleinen Haus mit einem großen Garten lebte ein blinder Mann. Er verbrachte jede freie Minute in seinem Garten und pflegte ihn trotz seiner Behinderung mit großer Hingabe. Ob Frühling, Sommer oder Herbst, der Garten war ein Blütenmeer.
»Sagen Sie«, bemerkte ein Vorübergehender, der die Pracht bestaunte, »warum tun Sie das? Sie können doch davon nichts sehen, oder?«
»Oh, nein«, antwortete der Blinde, »nicht das Geringste.«
»Warum kümmern Sie sich denn dann überhaupt um den Garten?«
Der Blinde lächelte: »Ich kann Ihnen dafür vier Gründe nennen: Erstens, ich liebe die Gartenarbeit; zweitens, ich kann meine Blumen anfassen; drittens, ich kann ihren Duft riechen. Der vierte Grund sind Sie!« –
»Ich? Aber Sie kennen mich doch gar nicht!«

»Nein, aber ich wusste, Sie würden irgendwann vorbeikommen. Sie hätten Freude an meinen herrlichen Blumen und ich hätte Gelegenheit, mich mit Ihnen darüber zu unterhalten.«

## 49

## DAS DORF OHNE KIRCHE

Das Dorf in den Bergen ist sehr arm. Die Bauern haben nur kleine Felder. Und die liegen alle an steilen Hängen. Alles muss von Hand gemacht werden. Das gibt viel Arbeit und wenig Geld.
Einmal stand im Dorf eine kleine Kirche aus Holz. Eine Kerze, die nicht gelöscht wurde, steckte sie in Brand. Seither ist dort, wo die Kirche stand, ein leerer Platz, und die Leute halten im kleinen Schulzimmer Gottesdienst. Das Dorf ist so klein, dass alle darin Platz haben. Natürlich hätten die Leute gern wieder eine Kirche, aber zuerst müssen sie sparen. Eine Kirche kostet Geld. Eine alte Frau stirbt. Alles ersparte Geld schenkt sie dem Dorf für eine neue Kirche. Da hören die Leute gerade vom großen Erdbeben in Italien. Sie sehen schreckliche Bilder, lauter eingefallene Häuser. Sie sehen, es sind armselige Dörfer, wie ihr eigenes. »Wir wollen eine Kirche bauen und dort ist solche Not?«, sagen sie. Und rasch entschlossen schicken sie das ganze Geld ins Erdbebengebiet. Die eigene Kirche haben die Leute im Dorf aber nicht vergessen. Sie sparen weiter, und langsam ist genug Geld zusammengekommen, um mit dem Bau beginnen zu können.
»Große Not der Flüchtlinge«, steht in der Zeitung. »Niemand will die Boot-Flüchtlinge aus Asien aufnehmen.«

»Können wir eine Kirche bauen, wenn Flüchtlinge keine Heimat haben?« Und ohne Zögern nehmen sie das ganze Geld, setzen drei alte Häuser instand, um in ihnen Flüchtlinge aufzunehmen. Und wieder beginnen sie mit dem Sparen.
Aber jedes Mal, wenn sie Geld haben, hören sie bestimmt wieder von einer Not, und die Bauern im Dorf helfen jedes Mal mit ihrem ganzen Geld.
»Wir haben keine Kirche«, sagen sie, »aber es gefällt uns doch in unserem Dorf. Wir sind wie eine große Familie.«
Auf dem Platz, wo einmal die Kirche stehen soll, spielen die kleinen Kinder.

## 50
## BROT VERBINDET

Es wurde dunkel. Das geht in der Wüste ganz schnell. Hansen trieb sein Pferd zur Eile an, aber er wusste, bis zum nächsten Ort würde er es heute nicht mehr schaffen. Ihm war unbehaglich, wenn er daran dachte, dass er in der Wüste übernachten musste. Es war hier eine unsichere Gegend. Immer wieder erzählte man von Überfällen und Räuberei. Zumindest bis zur Wasserstelle wollte er weiterreiten, um dort zu lagern, bevor es ganz dunkel war.
Vor sich konnte Hansen schon die wenigen Bäume entdecken, die das Wasserloch umgaben. Doch was war das? Da stieg der Rauch eines Feuers auf. Er war nicht alleine. Wer mag da wohl lagern? Doch jetzt war es zu spät, man hatte ihn schon entdeckt. Drei finster aussehende Nomaden standen unter den Bäumen und blickten ihm entge-

gen. Sie hatten ein Zelt aufgeschlagen, ein Feuer brannte davor; ein Kessel mit Tee darauf. Ihre Pferde, schlanke, hohe Tiere, standen ein wenig abseits.
Hansen stieg vom Pferd. Voller Spannung ging er auf die Männer zu.
»Salaam«, sagte der in der Mitte, wohl der Anführer. Salaam – Friede, der schöne Gruß der Wüstenbewohner ließ Hansen hoffen.
»Salaam«, grüßte auch er. Die drei Männer gingen zum Feuer zurück und setzten sich. Mit einer Handbewegung lud einer Hansen ein, bei ihnen Platz zu nehmen.
Einer der drei kramte in seinem Sattelsack. Brot kam zum Vorschein. Der Mann reichte das Brot zu Hansen herüber; ein anderer gab ihm ein kleines Tütchen mit Salz. Brot und Salz – Zeichen des Friedens und der Gastfreundschaft. Hansen brach ein Stück ab und bestreute es mit Salz. Auch die Männer nahmen, und sie aßen zusammen. Hansen wusste, jetzt konnte ihm nichts mehr passieren. Wenn das Brot miteinander geteilt wird, steht man unter dem Schutz des anderen. Brot verbindet.

## 51

## ZUHÖREN KÖNNEN

Momo konnte so zuhören, dass dummen Leuten plötzlich sehr gescheite Gedanken kamen. Nicht etwa, weil sie etwas sagte oder fragte, was den anderen auf solche Gedanken brachte, nein, sie saß nur da und hörte zu mit aller Anteilnahme und Aufmerksamkeit. Dabei schaute sie den anderen mit ihren großen dunklen Augen an, und der Betreffende fühlte, wie in ihm auf einmal Gedanken

auftauchten, von denen er nie geahnt hatte, dass sie in ihm steckten.
Sie konnte so zuhören, dass ratlose und unentschlossene Leute auf einmal ganz genau wussten, was sie wollten. Oder dass Schüchterne sich plötzlich frei und mutig fühlten. Oder dass Unglückliche und Bedrückte zuversichtlich und froh wurden.
Und wenn jemand meinte, sein Leben sei ganz verfehlt und bedeutungslos und er selbst nur irgendeiner unter Millionen, einer, auf den es überhaupt nicht ankommt und der ebenso schnell ersetzt werden kann wie ein kaputter Topf – und er ging hin und erzählte alles das der kleinen Momo, dann wurde ihm, noch während er redete, auf geheimnisvolle Weise klar, dass er sich gründlich irrte, dass es ihn, genauso wie er war, unter allen Menschen nur ein einziges Mal gab und dass er deshalb auf seine besondere Weise für die Welt wichtig war. So konnte Momo zuhören!

## 52

## DER BEWERBER MIT DEM BUCKEL

Der Philosoph Moses Mendelssohn wurde nicht nur von den jüdischen Gemeinden hoch verehrt. Sein Vorbild und seine aufgeklärte Toleranz verewigte Lessing in seinem Schauspiel »Nathan der Weise«. Zu den Verehrerinnen Mendelssohns zählte auch die Tochter des Kaufmanns A. Guggenheim aus Hamburg, der ihn gerne als seinen Schwiegersohn gesehen hätte. Darum lud er Mendelssohn zu einem Besuch nach Hamburg ein.

Guggenheim hieß ihn herzlich willkommen und stellte ihm nach einiger Zeit seine Tochter vor. Dann ließ er die beiden allein.
Am nächsten Tag besuchte Mendelssohn den Kaufmann in seinem Büro. Die beiden waren etwas bedrückt, und keiner schien die richtigen Worte finden zu können. Mendelssohn räusperte sich und sprach von der anmutigen Tochter, die ihm sehr gefalle.
Guggenheim war sichtlich unwohl zumute. »Soll ich Ihnen ehrlich sagen …«
»Ja, natürlich. Ich bitte Sie«, unterbrach ihn Mendelssohn.
»Da Sie ja ein Philosoph sind, ein wohldenkender und weiser Mann«, fuhr Guggenheim zögernd fort, »und Sie das Leben kennen, werden Sie es meinem Kinde nicht übel nehmen, dass sie, wie sie mir gesagt hat, erschrocken sei, als sie Sie gesehen hat, weil Sie …«
»Weil ich einen Buckel habe«, fiel ihm Mendelssohn ins Wort.
Guggenheim nickte stumm.
»Ich habe nicht erwarten können, dass dies nicht passieren würde. Und ich habe das Entsetzen Ihrer Tochter wohl bemerkt, auch wenn sie sich sehr bemühte, es mich nicht merken zu lassen, um meine Gefühle nicht zu verletzen. Doch da ich Ihre Tochter lieb gewonnen habe, möchte ich sie zum Abschied gerne noch einmal besuchen dürfen.«
Guggenheim gab seine Einwilligung und Mendelssohn fand das Mädchen bei einer Näharbeit am Fenster sitzend. Mendelssohn nahm einen Stuhl, setzte sich zu der Tochter und unterhielt sich freundlich mit ihr. Doch das Mädchen sah kein einziges Mal von ihrer Näharbeit auf.

Sie hatten ganz allgemein von Glück, Ehe und Familie gesprochen, als das Mädchen fragte: »Glauben Sie etwa auch, dass die Ehen im Himmel geschlossen werden?«
»Ganz bestimmt glaube ich das«, antwortete der Philosoph. »Und ich weiß es aus eigener Gewissheit. Ihnen ist doch die Sage aus dem Talmud bekannt, die davon berichtet, dass bei der Geburt eines Kindes im Himmel festgelegt wird: Der und der bekommt die und die! Nun wurde auch mir meine zukünftige Frau zugewiesen, und dabei hieß es, dass sie einen Buckel haben wird. ›Lieber Gott‹, schrie ich da auf, ›das kann dein Wille doch nicht sein, ein so schönes Geschöpf durch einen Buckel zu verunstalten. Lieber Gott, dann gib besser *mir* den Buckel und lasse das Mädchen schön und anmutig sein.‹« Kaum hatte Mendelssohn das gesagt, als ihm das Mädchen zärtlich lächelnd um den Hals fiel.

# 53

## DAS BROT DER LIEBE

Es war einmal ein König. Er war ein guter König und sorgte für seine Untertanen. Niemand musste Hunger leiden. Jeden Streit schlichtete er mit großer Weisheit.
Allmählich aber fühlte er sein Alter nahen und er dachte: »Was soll aus meinem Volk werden, wenn ich es nicht mehr regieren kann?« Lange dachte er nach. Dann ließ er den Prinzen, seinen Sohn, zu sich kommen und sprach: »Mein Sohn, ich habe dir die besten Lehrer gegeben. Du hast viele Wissenschaften dieser Welt studiert. Du kannst mit den besten Degen fechten und die schnellsten Pferde reiten. Aber kannst du auch den Hunger der Menschen

stillen? Geh deshalb in die Welt hinaus und suche das Brot der Liebe. Nur wenn du das gefunden hast und es mit deinen Untertanen teilen kannst, werden Liebe und Frieden in deinem Reich regieren. Dann wirst du ein guter König sein.«

So zog der Prinz fort und suchte das Brot der Liebe. Er saß an den Tischen der Fürsten und reichen Kaufleute. Köstliche Brote lagen auf kostbaren Tellern, und alle wollten nur das beste und leckerste haben.

Nein, Brot der Liebe war das nicht!

Er ging in die Backstuben der Dörfer und Städte. Aber die Bäcker verkauften die Brote viel zu teuer. Nein, Brot der Liebe war das auch nicht.

Der Prinz wurde immer trauriger. Wen er auch fragte: Keiner hatte jemals vom Brot der Liebe gehört.

Zuletzt kam er am Rande eines Dorfes auf eine Wiese. Auf der hütete ein Junge eine Schafherde. Der Prinz war müde und setzte sich ins Gras. Der Junge sah ihn an und fragte: »Wer bist du? Du siehst so müde aus!« Der Prinz nickte. »Vielleicht hast du auch Hunger?«, fragte der Junge und holte aus seiner Tasche ein kleines Brot. »Schau her, das hat meine Mutter für mich gebacken. Es ist nicht groß, denn sie hatte nicht viel Mehl. Aber ich möchte es gern mit dir teilen.« Dann brach der Junge das Brot und reichte dem Fremden ein Stück. Der nahm es und rief: »Ich danke dir, kleiner Junge, dass du mit mir dein Brot teilst. Das ist wirklich das Brot der Liebe, das ich so lange gesucht habe.«

Der Prinz kehrte zum alten König zurück und erzählte ihm, dass ein Hirtenjunge mit ihm sein kleines Brot geteilt habe. Dann sagte er: »Da wusste ich: Das geteilte Brot ist das Brot der Liebe.«

Als der Prinz dann selbst König geworden war, wollte er sich immer an diesen Tag erinnern: »Ich will Jahr für Jahr mit meinen Untertanen ein Brotfest feiern, an dem wir Brot miteinander teilen und von dem Hirtenjungen und dem Brot der Liebe erzählen.«

## 54
## DAS ALLES LIEBE AUCH ICH!

Weinend sagte Franziskus eines Tages zum Herrn: »Ich liebe die Sonne und die Sterne. Ich liebe Klara und ihre Schwestern. Ich liebe das Herz der Menschen und alle schönen Dinge. Herr, du musst mir verzeihen, denn nur dich sollte ich lieben.«
Lächelnd antwortete der Herr: »Ich liebe die Sonne und die Sterne. Ich liebe Klara und ihre Schwestern. Ich liebe das Herz der Menschen und alle schönen Dinge, alles liebe auch ich! Mein Franziskus, du musst nicht traurig sein, denn das alles liebe auch ich.«

## 55
## DAS LETZTE STÜCK

Bergsteigen war das liebste Hobby von Herrn und Frau Gruber. Unzählige Gipfel hatten sie schon gemeinsam bestiegen. Meist gingen sie angeregt plaudernd nebeneinander, bis der Weg so eng wurde, dass sie zu zweit nicht mehr vorwärtskamen. War eine Wegstrecke besonders schwierig, ermunterten sie sich gegenseitig, bis sie es geschafft hatten. Das letzte Stück des Weges ging Frau Gru-

ber meist alleine vor, während Herr Gruber ihr in seinem Tempo folgte. Am Zielpunkt erwartete Frau Gruber dann ihren Mann, um mit ihm gemeinsam die schöne Aussicht zu genießen.
Im letzten Jahr war Frau Gruber krank geworden. Als der Arzt ihr die Diagnose mitteilte, war die neurologische Erkrankung bereits in einem fortgeschrittenen Stadium. Herr Gruber war rührend um seine Frau besorgt. Trotz der schlechten Prognose hoffte er auf ein Wunder. Aber seiner Frau ging es von Tag zu Tag schlechter. Schließlich lag Frau Gruber pflegebedürftig im Bett und ihr Tod rückte näher. Herr Gruber saß meist bei ihr und hielt ihre Hand.
Eines Tages konnte er ihr Leiden nicht mehr mit ansehen. Schluchzend stammelte er: »Ich würde dir so gerne helfen. Gibt es irgendetwas, das es dir leichter machen würde?«
»Hol mir das dicke Wanderbuch«, flüsterte Frau Gruber.
Liebevoll drückte Herr Gruber ihre Hand und machte sich sogleich auf die Suche nach dem Gewünschten. Er musste lange suchen, denn das Buch stand nicht an seinem üblichen Platz. Schließlich fand er es ganz hinten im Regal und ging zu seiner Frau zurück. Doch als er in ihr Zimmer kam, war es ganz still. Friedlich lag Frau Gruber im Bett. Sie war tot.
Verzweifelt sank Herr Gruber in sich zusammen. Weinend stammelte er: »Wir haben immer alles gemeinsam gemacht. Aber gerade zu dem Zeitpunkt, wo es für dich wahrscheinlich am schwersten war, habe ich dich alleine gelassen. Ich war nicht da, um dir beim Sterben beizustehen. Das verzeihe ich mir nie.«

Da rutschte ihm das dicke Wanderbuch aus der Hand und ein loser Zettel fiel auf den Boden. Erstaunt stellte Herr Gruber fest, dass seine Frau ihm eine Botschaft hinterlassen hatte. Auf dem Zettel hatte Frau Gruber Folgendes geschrieben: Denk an unsere Berge! Du weißt doch: Das letzte Stück ist immer das schwerste. Diese Wegstrecke muss jeder alleine gehen. Wenn du das liest, bin ich wahrscheinlich schon am Ziel angekommen. Auch du wirst eines Tages den Weg dorthin finden. Ich verspreche dir, dass ich dort auf dich warten werde.

# *Die verwandelnde Kraft der Seele*

## 56
## FEUER UND FLAMME SEIN

Abba Lot suchte einmal Abba Joseph auf und sprach: »Abba, soweit es in meinen Kräften steht, befolge ich eine nicht zu schwere Regel, faste ein wenig, bete und meditiere in Maßen und bleibe in Frieden. Und soweit ich es vermag, achte ich darauf, dass mein Denken rein ist. Was müsste ich außerdem tun?«
Der Weise erhob sich und streckte die Hände zum Himmel empor: Da glichen seine Finger zehn lodernden Fackeln. Und er sprach: »Wenn Ihr wollt, dann könnt Ihr ganz zur Flamme werden.«

## 57
## BEIM WEINEN HELFEN

Eine Frau aus der Nachbarschaft war plötzlich gestorben. Daraufhin verließ ein kleines Mädchen das Haus, ohne dass seine Mutter es merkte. Als der Mutter auffiel, dass die Kleine nicht da war, fing sie sofort an, sich Sorgen zu machen, es könnte irgendetwas Schlimmes passiert sein. Sie ging auf die Veranda und rief mehrmals laut ihren Namen.
Nach kurzer Zeit kam das Mädchen vom Nachbargrundstück her angerannt. Die Mutter nahm es in den Arm und meinte, sie hätte sich Sorgen gemacht. »Wo warst du denn?«, fragte sie.
»Ich wollte Mr. Smith von nebenan besuchen.«
»Was wolltest du denn dort?«
»Na, seine Frau ist doch gestorben, und er ist so traurig.«

»Ach, das habe ich gar nicht gewusst«, erwiderte die Mutter.
»Was hast du denn bei Mr. Smith gemacht?«
»Ich habe ihm nur ein bisschen beim Weinen geholfen.«

## 58
## KLEINE HÄNDE

Majestätisch überragt der Mariendom von Neviges seine ganze Umgebung. Wenn meine vier Enkelkinder mich besuchen, münden unsere Ausflüge immer dort. Es ist herrlich und Balsam für die Seele, nach einem langen, sommerlichen Spaziergang in die Kühle und Ruhe des Doms einzutreten. Die prächtig bunten Fenster mit dem leuchtenden Rot der aufblühenden Rose verleihen ihm einen ganz eigenen Zauber.
Alle meine vier Enkelkinder haben schon früh gelernt, dass Stille zu unseren Besuchen dazugehört. Nur Anna, unserer Jüngsten, fällt es oft schwer. Sie ist so lebhaft. Ihre großen dunklen Augen strahlen alle Umstehenden an und ihre kräftig durchdringende Stimme ist oft schwer zu bändigen.
Links neben der Mariensäule verläuft in weitem Bogen eine große Kerzennische. Dorthin streben die Kinder zuerst. Jeder möchte für Mama und Papa eine Kerze anzünden. Immer wieder lege ich den Finger auf den Mund und deute auf die anderen Besucher.
Etwas abseits, auf einer der Bänke vor der Mariensäule, bemerke ich eine zusammengekauerte Gestalt, die leise schluchzt. Ich bin noch damit beschäftigt, jedem Kind

zwei Kerzen zu geben und meinen Obolus zu entrichten, als ich plötzlich unsere kleine Anna vermisse.
Verwirrt drehe ich mich nach allen Seiten. Dann sehe ich, dass sie sich – ohne ein Wort zu sagen – neben die weinende Frau gesetzt hat und ganz behutsam ihre betenden Hände streichelt. Gerührt betrachte ich die beiden. Mit einem Mal fängt die Frau an, Annas kleine Hand zu streicheln. Ich höre, wie Anna ihr verspricht, für sie eine Kerze anzuzünden.
Bevor unser Wildfang aufsteht, kramt sie noch umständlich in ihren Jeans, fördert ein leicht zerknülltes Taschentuch hervor, reicht es der Frau und rennt dann aufgeregt zu mir.
Stumm drücke ich meinem Enkelkind eine Kerze in die Hand. Sie läuft los, um sie anzuzünden, und platziert sie so, dass sie von der Bank aus gut zu sehen ist. Als Anna zurückkommt, strahlt sie über das ganze Gesicht. Beim Hinausgehen winkt sie der Frau zu und diese nickt lächelnd.
»Das hast du gut gemacht«, lobe ich Anna. Erstaunt schaut die Kleine mich an und sagt: »Ach, weißt du, Oma, wenn ich weine, weil ich Angst habe oder weil es so dunkel ist, dann bin ich auch froh, wenn jemand zu mir kommt, meine Hand streichelt, ein Licht anzündet und mir ein Taschentuch gibt.«

# 59
## DER STRANDLÄUFER

Sie war sechs Jahre alt und baute gerade eine Sandburg. Sie schaute mich an mit Augen so blau wie das Meer und sagte, als ich vorbeiging: »Hallo«. Ich war nicht in der Stimmung, mich mit einem kleinen Kind abzugeben.
Ein Strandläufer segelte vorbei. »Das ist eine Freude«, sagte sie. »Meine Mama sagt, Strandläufer kommen, um uns Freude zu bereiten.«
Ich wandte mich ab, um weiterzugehen. Ich war deprimiert, weil mein Leben völlig aus dem Gleichgewicht geraten war.
Sie gab nicht auf: »Wie heißt du?«
»Ich bin Robert Peterson!«
»Ich heiße Wendy!«
»Hallo, Wendy«, sagte ich.
Sie kicherte: »Du bist lustig.«
Ich lächelte und ging weiter.
»Komm mal wieder, Herr Peterson«, rief sie noch.
Nach ein paar anstrengenden Tagen, besonders durch meine kränkelnde Mutter, griff ich nach meiner Jacke und sagte mir: »Ich brauche einen Strandläufer!«
»Hallo, Herr Peterson«, sagte sie, »wollen wir etwas spazieren?«
Ich sah, wie hell und zierlich ihr Gesicht war.
»Wo wohnst du?«
Sie zeigte auf eine Reihe Sommerferienhäuser: »Wir sind im Urlaub.« Sie schnatterte den ganzen Strand entlang, wie es kleine Mädchen tun. Als wir uns verabschiedeten, fühlte ich mich besser.

Drei Wochen später begegneten wir uns wieder. Meine Stimmung war im Keller, und ich sagte ihr: »Wenn du nichts dagegen hast, wäre ich heute lieber allein.«
Sie wirkte ungewöhnlich blass und außer Atem. »Warum?«, fragte sie mich.
Ich schrie: »Weil meine Mutter gestorben ist!« Gleich ärgerte ich mich. Warum sagte ich das einem kleinen Kind?
Sie fragte: »Hat es wehgetan?«
Ich ärgerte mich über sie: »Natürlich«, schnauzte ich verständnislos und ging davon.
Einen Monat später ging ich wieder an den Strand. Sie war nicht da. Ich musste mir eingestehen, dass ich sie vermisste. Darum ging ich zum Ferienhaus und klopfte. Eine junge Frau öffnete die Tür. Sie sah mitgenommen aus. »Hallo, ich bin Robert Peterson. Ich vermisse Ihr wunderbares kleines Mädchen!«
»Ach ja«, sagte sie, »sie hat mir viel von Ihnen erzählt. Ich hoffe, sie fiel Ihnen nicht lästig!«
»Nein«, sagte ich, »überhaupt nicht, sie ist ein sehr liebevolles Mädchen.«
Die liebenswürdige junge Frau sagte: »Herr Peterson, Wendy ist – – letzte Woche gestorben. Sie hatte Leukämie.«
Ich tastete nach einem Stuhl.
»Sie hat etwas für Sie hinterlassen.« Sie reichte mir einen schmuddeligen Umschlag, auf dem in kindlichen Buchstaben »Herr P.« stand. Innen fand ich eine Buntstiftzeichnung in heiteren Farbtönen: ein gelber Strand, ein blaues Meer und ein brauner Vogel. Darunter stand: »Ein Strandläufer, der dir Freude bringt.« Mir stiegen Tränen in die Augen. Ich umarmte Wendys Mutter: »Es tut mir so leid!« Wir weinten gemeinsam.

Das kostbare kleine Bild hängt jetzt eingerahmt in meinem Arbeitszimmer. Sechs Worte – eins für jedes ihrer Lebensjahre –, die zu mir sprechen über Harmonie, Mut und Liebe. Das Geschenk eines Kindes mit meeresblauen Augen und Haaren der Farbe von Sand.
Ein Geschenk der Liebe. –
Ihnen, die Sie das hier lesen, wünsche ich einen Strandläufer!

## 60 DER REGENMACHER

In einem Dorf hatte es lange nicht geregnet. Alle Gebete und Prozessionen hatten nichts genützt, der Himmel blieb verschlossen. In der größten Not wandte sich das Dorf an den Großen Regenmacher. Er kam und bat um eine Hütte am Dorfrand und um Brot und Wasser für fünf Tage. Dann schickte er die Leute zu ihrer täglichen Arbeit.
Am vierten Tag regnete es. Die Menschen kamen jubelnd von ihren Feldern und Arbeitsplätzen und zogen vor die Hütte des Regenmachers, um ihn zu feiern und nach dem Geheimnis des Regenmachens zu fragen.
Er antwortete ihnen: »Ich kann keinen Regen machen.«
»Aber es regnet doch«, sagten die Leute.
Der Regenmacher erklärte ihnen: »Als ich in euer Dorf kam, sah ich die äußere und innere Unordnung. Ich ging in die Hütte und brachte mich selber in Ordnung. Als ich in Ordnung war, kamt auch ihr in Ordnung; und als ihr in Ordnung wart, kam auch die Umwelt in Ordnung. Und als die Umwelt in Ordnung war, hat es geregnet.«

## 61
## »WIE KANNST DU MICH STÖREN?«

Ein Asket saß meditierend in einer Höhle. Da huschte eine Maus herein und knabberte an seiner Sandale. Der Asket öffnete verärgert die Augen: »Warum störst du mich in meiner Andacht?«
»Ich habe Hunger«, piepste die Maus.
»Geh weg, törichte Maus«, predigte der Asket, »ich suche die Einheit mit Gott, wie kannst du mich dabei stören!«
»Wie willst du dich mit Gott vereinigen«, fragte da die Maus, »wenn du nicht einmal mit mir einig wirst?«

## 62
## DER OSTERGRUSS

Ich bin Landwirt. Meine Frau ist in Russland geboren. Seit vielen Jahren bewohnen wir unseren eigenen Hof in Yorkshire, England. Damals suchten wir eine Haushaltshilfe, und meine Frau äußerte den Wunsch, eine russische Emigrantin einzustellen.
Drei Wochen vor Ostern trat ein junges Mädchen bei uns ihre Stellung an, ungefähr sechzehnjährig und stets mit einem freundlichen Lächeln auf den Lippen. Wie wohltuend war ihre frische Art, weil damals in unserer Familie besonders zwischen uns Eheleuten nicht eitel Friede herrschte.
Am Ostermorgen hatten wir einen heftigen Streit. Ein böses Wort gab das andere, bis ich schließlich sogar Mühe hatte, mich äußerlich zu beherrschen. Ich hatte Lust, alles kurz und klein zu schlagen.

So saß ich denn am Frühstückstisch mit geballten Fäusten. Als es an der Tür klopfte, sprang ich auf. Aber herein trat das Mädchen mit dem Tablett, und mit sanftem Lächeln sagte es: »Kristos voskres!«

Der Gegensatz war unbeschreiblich. Da waren wir beide, meine Frau und ich, mit zornroten Köpfen und Herzen voller Hass, und daneben dieses Mädchen, das Frieden ausstrahlte.

Meine Frau wandte sich um, bedeckte das Gesicht mit den Händen und begann zu weinen. Ich sah diese Tränen, fragte mich überrascht, was hier passiert sei, und sagte: »Was hat das Mädchen gesagt?« Denn ich verstehe nur wenig Russisch.

Meine Frau blickte auf – ich werde das nie vergessen. Als ich sie ansah, las ich in ihrem Blick etwas von der Liebe, die sie mir vor Jahren entgegengebracht hatte. Ganz einfach sagte sie: »Christus ist auferstanden. Das hat Anna gesagt!« Plötzlich verstand ich den Zusammenhang. Es war ja Ostern, und an Ostern grüßte man sich in Russland mit den Worten: »Christus ist auferstanden.«

Was für traurige Erinnerungen musste dieser Gruß in meiner Frau geweckt haben. Ich erkannte, dass sie sich im Geist zurückversetzte in längst vergangene Zeiten. Wortlos trat sie zu mir, legte die Hände auf meine Schulter und sagte: »Es tut mir leid, mein Lieber, bitte verzeih mir, wenn du kannst.«

»Ich dir verzeihen? Wir haben beide Vergebung nötig, auch ich.«

Sie können sich kaum vorstellen, welche Veränderung das in unserem Haus bewirkt hat. Wahrhaftig, Christus war in unseren Herzen auferstanden. Wir schauten auf zu ihm und begannen gemeinsam, ihm zu dienen.

Es würde zu weit führen, wenn ich alles berichten wollte, was seither geschehen ist. Ich weiß nur, dass wir heute zu den glücklichsten Menschen gehören, und das, weil uns jemand im rechten Augenblick an die große, herrliche Botschaft erinnert hat: »Der Herr ist wahrhaftig auferstanden!«

## 63

## IN DIESEM ANTLITZ ERKANNTE ICH GOTT

Solange ich noch ein Engel gewesen war, blieb alle Not des Menschen mir fremd, ich kannte weder Hunger noch Kälte. Jetzt aber war ich auch nur ein Mensch, mich fror, ich hatte Hunger und wusste nicht, was ich tun solle.
Da erblickte ich unweit der Stelle, wo ich niedergefallen war, eine Kapelle. Ich ging hin, trat an das Haus Gottes heran, um dort Schutz zu suchen. Doch war die Kapelle verschlossen, und ich konnte nicht eintreten. So setzte ich mich hinter der Kapelle hin, um wenigstens etwas Schutz vor dem Wind zu haben.
Der Abend kam heran, immer mehr peinigten mich Hunger und Kälte, und ich verging beinahe vor Schmerz. Da hörte ich plötzlich einen Menschen; er kam die Straße entlang, an der die Kapelle steht, trug Stiefel in der Hand und redete mit sich selber. Zum ersten Mal, nachdem ich selber ein Mensch geworden war, erblickte ich ein menschliches Antlitz, mir grauste davor, und ich wendete mich um. Da dieser Mensch aber mit sich selber redete, vernahm ich, dass ihn die Sorge darum quälte, wie er sich vor der Kälte des Winters schützen solle und wie er Frau und Kinder vor dem Hunger bewahren könne. Da

dachte ich: Ich vergehe hier vor Hunger und Kälte, dieser Mensch aber ist von Sorgen um sich und die Seinigen erfüllt. Einen warmen Pelz braucht er, um sich und seine Frau damit zu bedecken, und Brot braucht er auch und denkt nur daran, wie er das alles beschaffen könnte. Er wird mir nicht helfen!

Da erblickte mich der Mann, runzelte die Stirn – das machte ihn noch schrecklicher – und ging weiter. Ich war schon nahe am Verzweifeln, da hörte ich den Mann zurückkommen. Ich blickte auf und erkannte ihn nicht wieder. Standen vorher Tod und Verwesung in seinem Gesicht, so war es jetzt von Leben erfüllt. Und in diesem Antlitz erkannte ich Gott. Der Mann trat auf mich zu, gab mir etwas anzuziehen, nahm mich dann an der Hand und brachte mich in sein Haus.

Dort trat uns eine Frau entgegen und begann auf uns einzureden. Die Frau aber war noch schrecklicher anzusehen, als es ihr Mann gewesen war. Leichengeruch ging von ihrem Munde aus, so dass ich vor diesem Pesthauch kaum atmen konnte. Am liebsten hätte sie mich aus ihrem Haus gejagt, und ich wusste, dass sie sterben müsste, wenn sie es tun würde.

Der Mann aber redete ihr ins Gewissen und fragte sie, ob sie denn Gott vergessen habe. Da verwandelte sich die Frau, und als sie uns zu essen gab und mich dabei ansah, da wurde ich dessen gewahr, dass der Tod von ihr gewichen war, und erkannte auch in ihr Gott.

## 64
## DER ALTE STEINMETZ

Ein alter Steinmetz, der in der ganzen Gegend nicht nur seiner beeindruckenden Arbeiten wegen, sondern auch aufgrund seiner Lebenserfahrung und Weisheit geschätzt und geachtet war, wurde von einem Fremden nach dem Geheimnis seines erfüllten Lebens gefragt.
Der Alte lehnte sich zurück in seinem Sessel, die Tage seines Lebens hatten sein Gesicht zerfurcht und seine Haare waren grau und wirr. Er dachte einige Augenblicke nach und antwortete schließlich: »Wissen Sie, jeden Morgen wirft Gott mir mit aller Macht einen Brocken aus Granit oder Buntsandstein in meinen Garten. Dann nennt er mich bei meinem Namen: ›Lusio‹, sagt er, – die Augen des Alten starrten ins Nichts – ›Lusio, ich bitte dich, forme ihn‹.
Spät abends, wenn ich nach einem anstrengenden Tag zu Bett gehe, nehme ich alle Last von meinen Schultern, alles, was schwer auf mir und meiner Seele liegt, alles, was mich bedrückt. Ich nehme all das zusammen und werfe die ganzen Brocken mit aller Macht in den Garten Gottes. – Und ich bitte ihn: ›Herr, forme sie!‹«

## 65
## DIE REISSCHÜSSEL

Der koreanische Pastor David Yonggi Cho begann in den 1970er-Jahren mit dem Bau einer riesigen Kirche, um seiner rasant wachsenden Gemeinde den angemessenen Raum bieten zu können. Das ganze Projekt basierte auf den Spenden seiner Gemeindemitglieder. Durch eine Ölkrise geriet er jedoch unversehens in eine finanzielle Notlage, die – da die Baukosten ins Unermessliche stiegen – trotz aller Spendenaufrufe nicht bewältigt werden konnte.

Eines Tages besuchte er eines seiner Gemeindemitglieder, eine sehr arme Frau, die sich unbedingt an den Kosten des Kirchenbaus beteiligen wollte. Das Einzige aber, was sie besaß, war eine alte, verbeulte Reisschüssel. Als sie Yonggi Cho diese schenken wollte, war er betroffen: »Woraus willst du dann deinen Reis essen?«, fragte er sie, »das kann ich nicht annehmen.« Sie aber drang in ihn und wollte nicht abstehen davon, ihre einzige Habe für Gottes Bau als Spende zu schenken. Schließlich nahm er gerührt die Schüssel mit nach Hause.

Am darauf folgenden Sonntag brachte er sie mit in den Gottesdienst. Er erzählte die Geschichte dieser Spende und hielt für alle sichtbar die alte, abgenutzte Blechschüssel hoch. Jeder in der Gemeinde begriff die Liebe dieser Frau zu Gott und zur Gemeinde, denn sie hatte »von ihrer Armut ihre ganze Habe eingelegt, alles, was sie zum Leben hatte« (Markus 12,44).

Nach dem Gottesdienst kam ein Amerikaner zum Pastor, der auf der Durchreise in Seoul war und zufällig die Predigt mitangehört hatte. »Bitte verkaufen Sie mir diese Reisschüssel«, sagte er zu Pastor Yonggi Cho, »das ist eine so wunderbare Geschichte.« Doch der Pastor wollte nicht: »Sie ist zu kostbar für mich, sie ist unbezahlbar«, meinte er. »Dann schenken Sie sie mir, bitte«, drängte der Amerikaner. Pastor Yonggi Cho überlegte. »Also gut, ich schenke Sie Ihnen«, meinte er schließlich und gab sie ihm.

Der Mann nahm die Schüssel und schaute sie fast liebevoll an. Dann griff er in seine Brusttasche, holte ein Scheckbuch heraus und schrieb einen so hohen Scheck aus, dass Pastor Yonggi Cho seinen Augen nicht traute, als er ihm überreicht wurde. »Diese Geschichte hat mich ins Herz getroffen«, sagte der Spender mit Tränen in den Augen, »sie hat mir meinen Glauben an die Menschen und Gott wiedergegeben. Sie wird in meinem Haus einen Ehrenplatz bekommen und Gesprächsgegenstand für alle Besucher sein.«
Pastor Yonggi Cho konnte mit dieser gewaltigen Summe die fälligen Baukosten begleichen. Es entstand die heute noch größte Kirche der Welt mit 800.000 Gottesdienstbesuchern in Seoul.

## 66 VERKÜNDIGUNG

»Meister, du weißt, dass ich mit Worten nicht so gut umgehen kann wie andere. Aber gerne möchte ich die Wahrheit verkünden, von der Barmherzigkeit sprechen und andere die Güte Gottes lehren. Kannst du mir nicht einen Weg zeigen, wie ich predigen kann und es mir angemessen ist?«, fragte ein Schüler.
»Komme morgen früh zu mir«, antwortete der Meister, »dann werde ich dich unterweisen, gut zu predigen.«
Früh am nächsten Morgen fand sich der Schüler beim Meister ein. Doch statt ihn zu unterrichten, machten sie einen Spaziergang. Sie gingen auf den Markt. Da ging es bereits lebhaft zu. Der Meister begrüßte hier eine Bauersfrau, lobte da die schönen Früchte, hörte sich dort eine

Klage an und tröstete leise, jenem lächelte er zu, wechselte ein paar Worte. Er half, den schweren Korb auf den Karren zu heben, scherzte mit den Kindern, erkundigte sich bei einem Handwerker nach dessen Familie. Und so wanderte er herum, freundlich, manchmal helfend, zuhörend, beratend, tröstend, ermunternd.
Der Schüler neben ihm verfolgte sein Verhalten mit interessierten Blicken und steigender Ungeduld. »Meister, du wolltest mich heute Morgen doch lehren, zu predigen und die Wahrheit zu verkünden«, wagte er seinen Lehrer zu erinnern.
»Aber mein Lieber«, erwiderte der Meister, »ich tue doch nichts anderes: Ich predige!«

## 67

### ICH HAB DICH LIEB!

Morgens um halb acht. Der Bus ist überfüllt. Eine alte Dame steigt mit ihrer Tochter und ihrem Enkelkind als Letzte ein. Die Ältere atmet hörbar auf, als drei Plätze für sie frei werden.
Die junge Frau schließt sofort die Augen, während das etwa siebenjährige Mädchen neben ihr leise mit seiner Puppe spricht. Plötzlich springt es auf und fällt erst der Mutter und dann der Großmutter um den Hals. »Ich hab euch ganz lieb!«
Die Leute auf der anderen Seite des Ganges haben dieser Szene interessiert zugesehen. Das Kind bemerkt dies, steht unversehens noch einmal auf und umarmt auch die Fremden nacheinander, ein älteres Ehepaar und zwei junge Mädchen. »Euch hab ich auch lieb«, versichert es

ihnen und strahlt sie an, als sei es gerade guten Freunden um den Hals gefallen.
»Laura ist geistig behindert«, erklärt ihre Mutter, »unter anderem fehlt ihr Fremden gegenüber die natürliche Hemmung.« Noch mehr Fahrgäste sind jetzt aufmerksam geworden; sie schauen ungläubig, man sieht dem Mädchen keine Behinderung an. Laura ist ein hübsches Kind mit langem blonden Haar und blauen Augen, aus denen ein Urvertrauen leuchtet, das sonst nur ganz kleine Kinder haben. Bei den Worten ihrer Mutter nickt sie ernst. »Mmh, ich bin behindert.« In ihrem kurzen Satz liegt eine Würde, die anrührt.
»Wenn solch ein kleiner Mensch schon so viel Wärme ausstrahlt, dann möchte man fast wünschen, dass es noch mehr von ihnen gibt«, meint eine ältere Dame, die zu den Abgeküssten gehört. Lauras Mutter sagt nichts dazu, sie senkt nur den Kopf und ihre gefalteten Hände verkrampfen sich.
Plötzlich beginnt ein junger Mann zu reden, der bisher nur durch seine abenteuerliche Haartracht aufgefallen ist: »Leider scheinen Liebe und Wärme in unserer Gesellschaft Zeichen von Behinderung zu sein. Bist du hilfsbereit und großzügig, dann heißt es bei manchen Leuten gleich: ›Der ist nicht ganz richtig im Kopf‹. Meine eigene Mutter hat oft zu mir gesagt: ›Junge, sei clever. Gutmütigkeit ist Dummheit‹«. Überrascht schauen die Leute zu dem Mann hin, starren ihn neugierig an, der aber redet unbekümmert weiter: »Heute gilt es doch, die Ellenbogen zu gebrauchen. Und diejenigen, die diesem Trend nicht entsprechen, werden abserviert.«
Verlegene Stille. Eine Frau hüstelt unwillig. Allmählich sinken die Leute wieder in ihre müde Gleichgültigkeit zu-

rück. »Wäre Liebe eine Behinderung, stände es um uns alle schlecht.« Die klare Stimme von Lauras Großmutter fällt störend in die wieder eingetretene Normalität.

Auch jetzt ist es der junge Mann, der antwortet: »Richtig! Aber wo Liebe ist, haben Egoismus und Gefühlskälte keinen Platz.« Laura erfühlt wohl eher den Sinn dieser Worte, als dass sie ihn versteht. Sie lächelt den Mann mit der geschorenen Frisur an.

»Dich hab ich auch lieb.«

Und fast jeder im Bus versteht wohl, was sie damit meint. Einige Jungen im hinteren Teil des Busses grölen los. Sie biegen sich vor Lachen. »Ich hab dich lieb«, äfft der Lauteste die Kleine nach, bis ihn ein Mitschüler zurückweist: »Lass das jetzt, Marco!« Neugierige Blicke ruhen auf der Kleinen. Wird sie reagieren? Mutter und Großmutter reagieren nicht, sie sind wohl schon einiges gewöhnt, aber Laura spricht jetzt mit der Puppe: »Die Jungs da hinten sind doof, nicht wahr, Lisa. Die haben wir gar nicht lieb!« Der Bus hält. Die Leute strömen aus den geöffneten Türen. »He, warte mal!« Marco, der Bub aus dem Bus, rennt hinter Laura her und bleibt keuchend vor ihr stehen. Sein Gesicht ist beinahe so rot wie der Ferrari auf seinem T-Shirt. Er öffnet die Faust: In seiner Hand liegt ein rosa Puppenschuh. »Den hat deine Lisa verloren.«

»Oh, da bin ich aber froh«, sagt das Mädchen. Und ehe sich der Junge versieht, kriegt er einen Kuss auf die Wange gedrückt. Und wieder der Satz: »Ich hab dich lieb.«

Mutter und Großmutter sind langsam weitergegangen. Laura läuft hinter ihnen her, dreht sich aber noch mehrmals um und schwenkt grüßend die Puppe. Auch der Junge winkt, bis die drei nicht mehr zu sehen sind.

# 68
## SCHWERE STUNDEN VERWANDELN

Es war einmal ein weiser Mann. Er lebte allein in einem alten Haus inmitten eines großen Gartens. Eines Tages hörte der Mann eine Stimme: »Geh und sammle bei den Menschen die Stunden, die wir nicht erleben möchten!«
Der Mann folgte der Stimme. Er ließ sich von den Winden dorthin tragen, wo es Stunden gab, die nicht sein sollten. Er sammelte Stunden, in denen Menschen ihr Liebstes verloren haben. Er sammelte Stunden, in denen ein Mensch einfach unerträgliche Schmerzen aushalten musste; Stunden ohne Trost; Stunden, in denen das Leben eine Last war; Stunden des Zorns; Stunden der Trauer und Stunden der Einsamkeit. Der Mann sammelte sie alle.
Dann ließ er sich vom Wind zurück in seinen Garten bringen und legte die Stunden wie Samen in die Erde.
Der Regen fiel auf die Erde, die Sonne gab ihr Licht und schließlich bedeckte der Schnee alles.
Im nächsten Frühling wuchsen Blumen und Bäume. Die Menschen kamen und bestaunten alles. So einen schönen Garten hatten sie schon lange nicht mehr gesehen.

# *Wo Engelsflügel die Seele berühren*

# 69
## DAS SCHÖNSTE MARTINSLICHT

Martin ist sehr stolz auf seine Laterne. Sie ist viereckig und aus roter Pappe geschnitten und geklebt. Die vier Seitenfelder sind aus durchsichtigem gelbem Papier. Darauf sind mit schwarzer Farbe eine Sonne, ein Mond, ein Stern und der heilige Martin auf seinem Pferd gemalt. Und diese Laterne hat Martin selbst gemacht! Anton, Vaters Gehilfe, hat ihm nur die Pappe zugeschnitten, und Ullis Vater hat ihm das Pferd und den Reiter vorgezeichnet. Nun schaukelt die schöne Laterne an einem langen Stock vor Martin her.
Alle Kinder aus der Lindenstraße wollen sich um sechs Uhr abends vor Herrn Bierbachs Laden treffen und dort mit dem Martinssingen anfangen. Sie bekommen jedes Jahr von Herrn Bierbach besonders leckere Sachen. Fast alle sind schon da. Da kommen andere Kinder. Sie gehen gleich in Herrn Bierbachs Laden und singen.
»Das sind die aus der Erlenstraße«, sagt Andreas. »Was wollen die denn hier? Herrn Bierbachs Laden gehört zu *unserer* Straße.« Die fremden Kinder kommen aus dem Laden und gehen um die Ecke in den Tannenweg. Das ist eigentlich auch noch unser Gebiet«, sagt Johannes so laut, dass die anderen es hören müssen, und Martin sagt noch lauter: »Die sind aber frech!«
Jetzt gehen die Kinder aus der Lindenstraße auch zu Herrn Bierbach. Sie geben sich sehr viel Mühe mit dem Singen. Herr Bierbach schenkt ihnen Schokoladenriegel in Silberpapier, und sie sind zufrieden. Martin ist noch bis zuletzt im Laden geblieben. Herr Bierbach wollte seine Laterne von allen Seiten betrachten. Martin läuft

den anderen nach. Sie singen schon nebenan im Hausflur. Da hört er im Tannenweg jemanden weinen: Ein kleiner Junge hockt an einer Hauswand. Martin kennt ihn nicht. »Weshalb weinst du denn?«, fragt er.
»Meine Laterne!«, sagt der Kleine. »Auf einmal hat sie gebrannt. Eine Frau ist gekommen und hat sie mir aus der Hand gerissen und hat mit den Füßen darauf herumgetrampelt!«
»Das ist schade!«, sagt Martin.
»Ich habe noch nie mitgehen dürfen, weil ich zu klein war«, sagt der Junge. »Und heute hat meine Mutti es endlich erlaubt, und jetzt habe ich keine Laterne mehr!«
»Im nächsten Jahr bekommst du eine neue«, sagt Martin.
»Aber ich möchte doch *heute* so gern mitgehen!«
»Gehörst du zu denen aus der Erlenstraße?«, fragt Martin.
Der Junge nickt.
»Wie heißt du denn?«
»Thomas heiße ich. Und du?«
»Martin. Und jetzt lauf, sonst holst du die anderen nicht mehr ein. Du kannst auch ohne Laterne mitgehen.«
»Martin?«, fragt Thomas. »Heißt du wirklich Martin, wie der Mann, der seinen Mantel verschenkt hat?«
»Ja, ich heiße wirklich so.«
»Ach!«, sagt Thomas und wischt sich die Augen mit den schmutzigen Händen.
Martin hebt seine Laterne hoch, seine schöne Laterne, und schwenkt sie hin und her.
»Die ist schön!«, sagt Thomas. »So schön war meine nicht. Aber sie war auch schön, ganz bunt.«
»Ich habe sie selbst gemacht«, sagt Martin. »Das war eine Arbeit!« Er dreht die Laterne, er sieht noch einmal die

Sonne, den Mond, den Stern und den Reiter an. Und dann gibt er dem Kleinen den Stock in die Hand und sagt: »Da! Ich schenke sie dir.«
»Wirklich?«, fragt Thomas.
Aber Martin ist schon weggerannt. Er sieht sich nicht mehr um. Er läuft nach Hause und setzt sich an den Küchentisch, legt den Kopf auf die Arme und weint.
»Martin, Junge!«, sagt die Mutter. »Was ist?« Der Vater und Anton kommen auch dazu, und alle fragen, aber es dauert lange, bis Martin erzählen kann, was geschehen ist. »Und jetzt tut es dir leid, dass du die schöne Laterne verschenkt hast?«, fragt die Mutter.
Martin nickt.
»Dem heiligen Martin hat sein schöner Mantel bestimmt auch leid getan«, sagt Anton.
Und Martin nickt wieder.
»Darum solltest du nicht weinen«, sagt der Vater.

## 70

## DIE SCHÖNE ODER HÄSSLICHE TANNE

Der Hauptandrang war vorüber, da kam noch ein Vater mit seiner etwa zehnjährigen Tochter. Ich wollte sie allein nach ihrem Christbaum suchen lassen. Das Mädchen hat sich sofort auf einen bestimmten Baum festgelegt. Es war ein »hässlicher« Baum.
Sie fragte mich, warum der Baum stehen geblieben wäre. Ich habe versucht, ihr zu erklären, dass er eben nicht so schön gewachsen ist und ihn deshalb keiner kaufen wollte. Auch der Vater versuchte, ihr den Baum auszureden, doch damit stieß er auf taube Ohren bei dem Mäd-

chen. Der Vater sagte: »Was wird die Mutti sagen, wenn wir mit diesem Baum nach Hause kommen?«
Die Tochter: »Die wird es schon verstehen, denn wir Menschen sind es doch, die darüber urteilen, was schön und was hässlich ist.« Vater: »Einen Unterschied muss man trotzdem machen.« Die Argumente gingen hin und her, aber dann war das Mädchen mit seiner Geduld am Ende. »Papa«, sagte sie ganz energisch, »der liebe Gott hat weder schöne noch hässliche Menschen gemacht. Denn ein hässlicher Mensch kann so schön sein und ein schöner Mensch kann hässlich sein, es kommt doch auf das Herz an. So ist es auch mit diesem Baum. Ich sehe ihn mit meinem *Herzen* und er ist schön!«
Damit war die Entscheidung gefallen, denn der Vater hatte nichts mehr zu entgegnen. Der Baum wurde abgesägt und mitgenommen. Als ich einige Wochen später den Vater wieder traf, fragte ich ihn nach dem Weihnachtsfest. »Es waren die schönsten Weihnachten, die wir je hatten; denn unser Kind war glücklich mit seinem Baum!«

## 71

## IN DEN HERZEN IST'S WARM

Die Schüler einer 9. Klasse fanden den frisch gefallenen Schnee ganz einfach toll. Johlend stürzten sie in den Schulhof, markierten mit ihren Schuhen eine Trennlinie und waren bald mitten in der herrlichsten Schneeballschlacht.
Abseits des fröhlichen Treibens schaute Stefan in seinem Rollstuhl den Klassenkameraden zu. Letztes Jahr war er

noch Mittelpunkt bei allen Aktivitäten gewesen. Dann passierte der schreckliche Unfall, und nun saß der querschnittsgelähmte Sechzehnjährige in einem Rollstuhl und betrachtete mit wachsender Resignation seine Umwelt. In seinem Gesicht regte sich kein Muskel. Früher war er ausgelassen und fröhlich gewesen, heute war er nur noch stumm. Warum ich?, dachte er. Aber er verschloss seinen Schmerz, seine Wut und seine Verzweiflung.

Alle Bemühungen der Eltern, Lehrer und Mitschüler, ihn zu einer Gefühlsregung zu bewegen, schlugen fehl. Er kapselte sich ab bis zur Teilnahmslosigkeit. Nur eine einzige Ausnahme machte er, und das war der Schulchor. Nicht weil er noch gerne sang, sondern weil seine klare kräftige Stimme den Chor trug, weil er der Einzige war, der die kleinen Soli singen konnte, und weil der Chorleiter, Herr Rupert, ihm bewusst schroff erklärte, dass es unkollegial, ja unsozial wäre, wenn er sich der Verantwortung entziehen würde und den Chor im Stich ließe. Der kleine Chor brauchte ihn dringend. Wie dringend Stefan den Chor brauchte, ahnte er selbst noch nicht.

Jedes Jahr um die Weihnachtszeit kamen Anfragen von Krankenhäusern, Senioren- und Kinderheimen mit der Bitte, doch die eine oder andere Weihnachtsfeier musikalisch zu untermalen. Die Jungen folgten diesen Bitten gerne, und der Chorleiter hatte alle Hände voll zu tun, die schwierige Terminplanung mit dem Stundenplan zu koordinieren. Selbst an manchem Adventssonntag opferten die Schüler ihre freie Zeit, um anderen eine Freude zu machen. Stefan gehörte wie selbstverständlich dazu. Er hatte immer seinen Platz in der ersten Reihe.

An diesem letzten Schultag nun erreichte den Chorleiter ein dringender Anruf des städtischen Blindenheims. Für die Feier am Heiligen Abend war ein Chor verpflichtet worden, der durch eine Grippewelle so dezimiert war, dass die wenigen gesunden Mitglieder nicht mehr stimmgewaltig genug waren. Könnte der Schulchor nicht einspringen? – Herr Rupert überlegte lange. Er hatte immer das Wohl seiner Schüler im Auge. Dieses Mal dachte er besonders an Stefan. Also führte er ein langes Gespräch mit dem Leiter des Blindenheimes und gab dann seine Zustimmung zu dem Auftritt.
Pünktlich um 15 Uhr waren alle Stühle im Saal des Blindenheimes besetzt. Da es kein Podium gab, stellten sich die Schüler vorne im Halbkreis auf. Stefans Rollstuhl stand wie immer in der ersten Reihe. Nach einer kurzen Ansprache begann der Chor sehr fröhlich mit »Jingle Bells«. Die Blinden nahmen den Rhythmus auf und klatschten begeistert mit. Es folgte »Fröhliche Weihnacht überall« und »Am Weihnachtsbaum die Lichter brennen«. Die Blinden sangen mit und freuten sich so, als könnten sie den Weihnachtsbaum in all seinem strahlenden Glanz sehen.
Während der ersten kleinen Pause wurde durch den Mittelgang des Saales ein Bett hereingefahren, in dem ein kleines, etwa zehnjähriges Mädchen lag. Das Kopfteil des Bettes war so hoch gestellt, dass die Kleine fast im Bett sitzen konnte. »Sie ist nicht nur blind, sondern auch gelähmt«, flüsterte der Leiter des Heimes den jungen Sängern zu.
Als der Chor schon wieder konzentriert auf Herrn Rupert schaute, starrte Stefan noch immer wie hypnotisiert zu dem Mädchen hin. Sie lag in ihrem Bett, und ihre Hände

strichen immerzu über die Bettdecke, so als suche sie etwas.

»Leise rieselt der Schnee!«..., begann der Chor. Stefan hatte nur Augen für das kleine Mädchen. Er sah, wie es bei den ersten Tönen den Kopf drehte, so als wolle es keinen der vorbeifliegenden Töne verpassen. Mit einem Mal löste sich Stefan aus seiner Reihe und fuhr mit seinem Rollstuhl auf das Bett zu. »... freue dich, s' Christkind kommt bald«, sang er mit seiner wunderschönen, klaren Stimme. Unmerklich drehte das Mädchen den Kopf noch mehr in Richtung der sich nähernden Stimme.

»In den Herzen ist's warm, still schweigt Kummer und Harm« ... Stefan sang laut, überlaut, so als wollte er nicht nur dem Mädchen, sondern auch sich selbst Mut machen ...

Herr Rupert begriff sofort. Mit einer Handbewegung nahm er die Stimmen des Chores so weit zurück, dass nur ein Hauch als Untermalung blieb. »Sorge des Lebens verhallt, freue dich, s' Christkind kommt bald.«

Stefan hatte inzwischen das Bett erreicht und ergriff vorsichtig die Hand des Mädchens. Zum ersten Mal seit seinem Unfall rannen Tränen über sein Gesicht. Ob es Tränen der Trauer über das Schicksal des Mädchens waren oder Tränen über sein eigenes Leid, wusste er nicht. Vielleicht war es auch Dankbarkeit, als er begriff, dass es ihm trotz seines schweren Loses immer noch besser ging als diesem Kind hier.

Das Mädchen hielt Stefans Hand ganz fest. Ein strahlend dankbares Lächeln erschien auf ihrem Gesicht. Hier war jemand, der nur für sie sang; jemand, der mit ihr fühlte. Sie sah den Jungen nicht, sah nicht seinen Rollstuhl und begriff doch, dass ein Mensch ihr Freude brachte. Sie

ahnte nicht, dass auch sie diesem Menschen etwas geben konnte.
Vielleicht hatten die hinten stehenden Schwestern den Blinden zugeflüstert, was vorging, vielleicht verstanden sie es auch instinktiv. Ein Raunen ging durch den Saal. Auch die Sänger waren tief ergriffen, aber auch verunsichert. Sie sahen die erlösende Wandlung, die Stefan durchlitt, sahen seine Tränen und wollten ihn auf keinen Fall stören. Am Ende des Liedes herrschte eine fast unheimliche Stille.
In diese stumme Betroffenheit hinein fing ganz hinten im Saal die einsame dünne Stimme einer älteren Frau an zu singen: »O du fröhliche, o du selige …« und der Chor fiel begeistert ein: »… gnadenbringende Weihnachtszeit«. »Welt ging verloren, Christ ist geboren«, jubelte Stefans Stimme, und wie freute er sich, als die etwas piepsige Stimme des Mädchens an sein Ohr drang: »Freue, freue dich, o Christenheit!«
Sehr viel später als vorgesehen, verließ der Chor die Feier. Die Eltern der jungen Sänger warteten schon ungeduldig zu Hause mit der Bescherung. Aber kein Geschenk konnte an diesem Weihnachtsfest wichtiger und schöner sein als die überraschende Erfahrung, die alle gemacht hatten.
Für Stefan war diese Weihnachtsfeier ein einschneidendes Erlebnis. Er begriff plötzlich, dass es Menschen gibt, die ein noch viel schlimmeres Los zu tragen hatten als er und trotzdem noch ein Lächeln an andere weitergeben konnten. Und er erkannte, dass er mit seiner Stimme einen Schatz besaß, mit dem er anderen eine Freude machen konnte. Er war viel reicher, als er glaubte. Er würde dieses Mädchen von jetzt an besuchen, würde mit ihr sprechen und für sie singen.

Und sie würde ihm die Kraft geben, weiterzuleben mit einer Dankbarkeit, von der er vor diesem Heiligen Abend nichts geahnt hatte.

## 72
## MEIN HEINRICH

Es war spät am Heiligen Abend. Die Kinder waren endlich eingeschlafen und die Eltern genossen die Stille. Rolf zündete noch einmal die Kerzen am Christbaum an. »Jetzt haben wir Zeit, ihn in Ruhe zu betrachten«, sagte er.
»Jetzt haben wir auch Zeit für unsere Post«, sagte Gesa und brachte viele Briefe und Karten, zwei Päckchen und ein Paket herbei. Sie hielt das Paket prüfend in den Händen: »Für mich. Adressiert an ›Fräulein Gesa Becker‹ und an die Wohnung meiner Eltern. Dabei wohne ich seit zehn Jahren nicht mehr dort und heiße seit zehn Jahren nicht mehr Becker. Mutter hat es nachgeschickt. Ohne Absender.«
Rasch entfernte Gesa Schnur, Packpapier und den Deckel des Kartons, dann hielt sie überrascht inne. »Mein Heinrich!«, sagte sie leise und holte aus viel Zeitungspapier ein seltsames Etwas hervor. Es war ein abgenützter Teddybär, bekleidet mit vielen warmen Kleidungsstücken, mit Socken, mit einem Schal um den Kopf. An den Pfoten war er gestopft und die Schnauze in seinem lieben Gesicht war abgewetzt vom vielen Küssen und Streicheln. Gesa betrachtete ihn zärtlich: »Es ist mein alter, lieber Heinrichbär«, sagte sie erklärend.
»Und woher kommt der so plötzlich?«, fragte Rolf.

»Weiß ich nicht. Vielleicht ist ein Brief dabei.« Gesa setzte Heinrich in den nächsten Sessel und durchsuchte das Papier, während sie weitersprach: »Er könnte von Fräulein Charlotte kommen. Ich hab ihn ihr geschenkt. Da war ich gerade sieben. Kurz danach sind wir weggezogen und haben die Verbindung verloren. Ich war noch so klein. Ich weiß nicht einmal, wie Fräulein Charlotte mit Nachnamen hieß. Ich hatte sie völlig vergessen. Ist schon mehr als zwanzig Jahre her ... Hier ist er!«

Sie zog einen Briefumschlag aus dem Knüllpapier. »An Gesa von Charlotte Frey« stand mit müden Buchstaben darauf und darunter in anderer Handschrift: »Verstorben am 1. Dezember.« Gesa nahm den Brief heraus und las:

»Meine liebe Gesa,

als ich am einsamsten war, hast du mir geschenkt, was du am liebsten hattest, Deinen Heinrich. Er war das Wertvollste, das mir jemals geschenkt wurde, denn er hat mir den Glauben an das Gute im Menschen erhalten, auch wenn ich oft anderes erleben musste. Ich danke dir. – Deine Charlotte Frey.«

Gesa setzte sich neben ihren Mann und erzählte: »Du weißt, dass ich ein sehr einsames Einzelkind war. Vater verbrachte seine wachen Stunden in der Backstube und Mutter die ihren im Laden. Zum dritten Geburtstag bekam ich einen Teddy, den Heinrich. Er wurde mein Freund. Er ersetzte Eltern und Geschwister. Ihm erzählte ich alles. Er tröstete mich. Wir waren Tag und Nacht zusammen. So ging er auch immer mit, wenn ich bei Fräulein Charlotte Flötenstunde hatte. Sie war gelähmt, ältlich und ärmlich und wohnte nicht weit von uns.

Am Heiligen Abend schickte mich meine Mutter mit schön verpacktem Christstollen und Weihnachtsgebäck

zu ihr und sagte: »Eil dich, wir fangen mit der Bescherung an, wenn du zurück bist.«
Es dämmerte schon. Ich nahm Heinrich mit. In Fräulein Charlottes Wohnung war es sehr dunkel. Ich gab die Sachen ab. Weil es so dunkel war, fragte ich: »Wann fängt denn bei dir Weihnachten an?«
»Jetzt gleich.« Sie bewegte sich im Rollstuhl zum Tisch, zündete die einzige Kerze an und legte Mutters Päckchen daneben. Das war alles.
Ich war nicht zufrieden. »Wir singen ›Ihr Kinderlein kommet‹«, bat ich. Es war mein und Heinrichs Lieblingslied und Singen gehört zu Weihnachten. Wir sangen. Nach dem dritten Vers wollte ich gehen. In Heinrichs Glasaugen spiegelte sich der Schein der einzigen Kerze und an der Wohnungstür flüsterte er: »Ich will hierbleiben!«
Ich verstand meinen Heinrich immer – und ohne zu überlegen, ging ich zurück zu der einsamen Frau. »Er will *mit dir* Weihnachten feiern«, sagte ich und setzte ihr meinen lieben Heinrich auf den Schoß. Und lief davon, laut heulend, durch die Straßen. Meinen erschrockenen Eltern konnte ich nur sagen: »Mein Heinrich wollte bei Fräulein Charlotte bleiben. Sie war so allein.« Es war ein tränenreiches Weihnachtsfest.
»Hast du deinen Teddybär später vergessen?«, fragte Rolf nach einer Pause. »Nein, ich habe Heinrich oft besucht. Er saß immer in der rechten Sofaecke. Er freute sich, wenn ich kam, aber er wollte bleiben.«
Nach einer Pause sagte Gesa leise: »Dass ein siebenjähriges Kind spürte, der Mensch neben ihm braucht Trost – und dass es ihn tröstete, auch wenn es ihm bitter wehtat ... Woher kam die Kraft dazu?«
»Von Weihnachten«, sagte Rolf.

# 73
## DER WOLF AN DER KRIPPE

Es war einmal ein Wolf. Er lebte in der Gegend von Bethlehem. Die Hirten wussten um seine Gefährlichkeit und waren allabendlich damit beschäftigt, ihre Schafe vor ihm in Sicherheit zu bringen. Stets hatte einer von ihnen Wache zu halten, denn der Wolf war hungrig, listig und böse.

Es war in der Heiligen Nacht. Eben war der wundersame Gesang der Engel verstummt. Ein Kind sollte geboren worden sein, ein Knabe. Der Wolf wunderte sich sehr, dass die rauen Hirten allesamt hingingen, um ein Kind anzusehen. »Wegen eines neugeborenen Kindes solch ein Getue«, dachte der Wolf. Aber neugierig geworden und hungrig, wie er war, schlich er ihnen nach. Beim Stall angekommen, versteckte er sich und wartete.

Als die Hirten nach der Huldigung an Jesus sich von Maria und Josef verabschiedeten, hielt der Wolf seine Zeit für gekommen. Er wartete noch, bis Maria und Josef eingeschlafen waren; die ausgestandene Sorge und die Freude über das Kind hatten sie sehr müde gemacht. »Umso besser«, dachte der Wolf, »ich werde mit dem Kind beginnen.« Auf leisen Pfoten schlich er in den Stall. Niemand bemerkte sein Kommen. Allein das Kind. Es blickte voll Liebe auf den Wolf, der, Tatze vor Tatze setzend, sich lautlos an die Krippe heranschob. Er hatte den Rachen weit geöffnet, und die Zunge hing ihm heraus. Er war schrecklich anzusehen. Nun stand er dicht neben der Krippe. »Ein leichtes Fressen«, dachte der Wolf und schleckte sich begierig die Lefzen. Er setzte zum Sprung an.

Da berührte ihn behutsam und liebevoll die Hand des Jesuskindes. Das erste Mal in seinem Leben streichelte jemand sein hässliches, struppiges Fell, und mit einer Stimme, wie der Wolf sie noch nie vernommen, sagte das Kind: »Wolf, ich liebe dich.«
Da geschah etwas Unvorstellbares – im dunklen Stall von Bethlehem platzte die Tierhaut des Wolfes – und heraus stieg ein Mensch. Ein wirklicher Mensch. Der Mensch sank in die Knie, küsste die Hände des Kindes und betete es an.
Alsdann verließ er den Stall – lautlos, wie er zuvor als Wolf gekommen – und ging in die Welt, um allen zu künden: Dieses göttliche Kind kann dich erlösend berühren!

## 74

## DER NEUE KÖNIG BRAUCHT AUCH TÖLPEL

Unter den Hirten auf dem Feld von Bethlehem war auch ein Einfältiger. Er wurde von den anderen nur Tölpel genannt. Als eines Nachts der Engel des Herrn erschien, um ihnen die Geburt Christi anzukündigen, begriff der Tölpel seine Worte nicht. Aber überwältigt von dem Glanz, der von dem Engel ausging, fiel auch er, im Innersten erschrocken, auf die Knie. Und als die anderen, wie der Engel es ihnen gesagt hatte, sich aufmachten, das Kind zu finden, wollte auch er mit ihnen gehen. Aber die Hirten schämten sich seiner, denn sein Gewand war zerrissen, sein Bart struppig und der Ausdruck seines Gesichts blöd.
»Bleib du hier bei den Schafen und beim Feuer«, sagten sie. »Das Kind, das wir suchen, ist kein gewöhnliches

Kind, sondern ein König. Einen Tölpel, wie du einer bist, kann er nicht brauchen.« Doch der Tölpel ließ sich von ihren Worten nicht einschüchtern. Er lief ihnen nach, auch wenn er Mühe hatte, zu folgen. »Was willst du ihm denn schenken?«, spotteten sie. Da sah der Tölpel erst, dass sie alle beladen waren, mit Milch und Honig, mit Wolle von den Schafen, mit Käse und Brot. Daran hatte er nicht gedacht. Er wurde sehr betrübt. – Aber auf einmal heiterte sich seine Miene auf, und er rief voller Stolz: »Ich könnte die Fliegen von seinem Gesicht verscheuchen.«

»Was glaubst du eigentlich!«, riefen die anderen zurück. »Dazu sind die Engel da!« Der Tölpel wurde sehr traurig. Aber auf einmal heiterte sich seine Miene wieder auf, und er rief voller Stolz: »Ich könnte seine Füße reiben, um es zu wärmen.«

»Was glaubst du eigentlich!«, riefen die anderen zurück. »Dazu sind die Engel da!« Der Tölpel fing an zu weinen. Aber auf einmal heiterte sich seine Miene zum dritten Mal auf, und er rief voller Stolz: »Ich könnte ihm ein Lied singen, damit es schlafen kann.«

»Was glaubst du eigentlich!«, riefen die anderen zurück. »Dazu sind die Engel da!« – Der Tölpel war nun sehr betrübt, sehr traurig und weinte. Aber er gab nicht auf. Er wollte den König und die Engel, die von seinem Gesicht die Fliegen verscheuchten, die seine Füße rieben und ihm ein Lied sangen, wenigstens von Weitem sehen.

Endlich standen die Hirten vor dem Stall, und sie fanden das Kind in einer Krippe liegen, arm und bloß. Maria und Josef hatten mit den vielen Gästen alle Hände voll zu tun, denn nicht nur die Hirten, sondern auch die drei Könige hatten den Weg zur Krippe gefunden.

»Ach«, seufzte Maria, »wenn ich nur jemanden hätte, der dem Kind die Fliegen verscheuchte, der ihm die Füße reibt und ihm ein Schlaflied singt!«
Da trat der Tölpel näher. Und als er weit und breit keine Engel sah, da wischte er seine Tränen ab, lachte vor Freude und kniete vor der Krippe nieder.
Er verscheuchte die Fliegen. Er rieb dem Kind die Füße, um es zu wärmen. Und sang ihm ein Lied, bis es einschlief.
Maria und Josef und die drei Könige staunten. Die Hirten aber schämten sich und nahmen ihn auf dem Heimweg in ihre Mitte. Sie wussten nun, dass der neue König auch den Tölpel braucht.

## 75

## EIN RISS IN DER MAUER

Er war den Hirten, die in der Nähe Bethlehems ihre Schafe hüteten, eines Tages zugelaufen, ein struppiger Hund, ein Köter nur.
Weil dieser Hund als Wächter für die Herde nichts zu taugen schien, jagten sie ihn davon, warfen Steine nach ihm. Doch er kam immer wieder. Die Männer wussten nicht, dass einer von ihnen, ein Trinker und Possenreißer, dem Hund hin und wieder einen Bissen Brot oder ein Stück Käse zuschob, sich nicht davor scheute, ihn auch zu streicheln.
So kam es, dass in jener Nacht der Engel des Herrn nicht nur den Hirten auf dem Feld, sondern auch einem Hund erschien. Auch er sah, wie der Himmel sich öffnete und ein lichtes Wesen eine Botschaft verkündete. Verstehen

konnte er sie nicht. Doch wie die Hirten fürchtete er sich sehr.
Als der Engel, begleitet von himmlischen Heerscharen, wieder zum Himmel auffuhr und es dunkel wurde wie zuvor, beobachtete der Hund, wie die Hirten aufgeregt nach Fellen suchten, Wolle bündelten, ihre Taschen mit Brot und Käse füllten und sich der Jüngste unter ihnen ein neugeborenes Lamm um die Schultern legte.
»Und nun lasst uns, so schnell uns unsere Füße tragen, nach Bethlehem laufen«, sagten sie.
Auch diese Worte verstand er nicht. Doch neugierig wie Hunde sind, folgte er ihnen, und niemand vermochte ihn zurückzuhalten, auch nicht der Trinker und Possenreißer, der allein am Feuer sitzen blieb.
Zugleich mit den Hirten kam auch der Hund zu einem elenden Stall. Aus seinem Versteck hinter einem Olivenbaum sah er sie vor einer Futterkrippe knien, sah eine Frau und einen Mann und über dem Stall am Himmel einen Stern, leuchtend und schön.
Er schlich sich näher, umkreiste den Stall, bis ihm auf seiner Rückseite ein Riss in der Mauer den Blick ins Innere gewährte. Nun sah er die Gesichter der Hirten, in Andacht versunken, und entdeckte das Kind auf Heu und auf Stroh. Und dieses Kind streckte ihm, unsichtbar für alle anderen, die Ärmchen entgegen, ihm ganz allein, dem struppigen Hund, einem Köter nur.
Durch den Riss in der Mauer entdeckte er Ochs und Esel, erlebte die Ankunft der drei Könige, erlebte, wie die Frau das Kind auf die Arme nahm, um es in den Schlaf zu wiegen.
Erst als der Morgen dämmerte, die Hirten sich längst auf dem Heimweg befanden, die drei Könige weitergezogen

waren und auch der Mann und die Frau mit dem Kind die Flucht ergriffen hatten, um es vor Herodes zu schützen, erst jetzt wagte er sich aus seinem Versteck hervor.
Doch als er in den Stall kam, war er nicht allein. Vor der leeren Krippe stand der Trinker und Possenreißer. »Dich habe ich gesucht«, lachte er.
Begleitet von einem Duft aus Weihrauch und Myrrhe kehrten sie aufs Feld zurück, wo sie jubelnd empfangen wurden, wo die Hirten sie beide in ihre Mitte nahmen, den Trinker und Possenreißer zusammen mit dem struppigen Hund, einem Köter nur.
War ein Wunder geschehen?

## 76

## DIE ENGEL SINGEN HÖREN

Der kleine Hirte Benjamin blieb noch in der hintersten Ecke des Stalles stehen, als die Hirten gegangen waren.
Maria fragte ihn schließlich: »Warum bist du nicht mit den anderen zurückgegangen?«
Zögernd kam Benjamin näher: »Weißt du, es gibt wilde Kinder in Bethlehem. Wenn ich ihnen erzähle, was ich hier erlebt habe, dann werden sie mich einen Spinner und Träumer nennen und mich schlagen und treten – wie schon so oft.«
Maria nahm ihn in den Arm: »Ach, hab keine Angst! Und wenn nötig, kommst du einfach hierher zurück!«
Benjamin zog los, aber dann kamen ihm schon grölende Kinder entgegen.
»Na!«, sagte der Größte, »wo kommt der Kleine denn schon so früh her?«

Benjamin erzählte stockend, was er gesehen und erlebt hatte. Da lachten, ja brüllten sie durcheinander und wollten sich auf ihn stürzen. Benjamin rannte los – wieder zum Stall zurück. Atemlos blieb er vor der Krippe stehen. Die schreienden Kinder stürmten herein. Doch wie vom Blitz getroffen, standen sie jetzt stumm da.
»Was möchtet ihr denn hier?«, fragte Maria.
»Ach«, stammelte der Älteste, »wir möchten gerne das Kind sehen, von dem der Kleine uns erzählt hat!« Und ein Mädchen fügte hinzu: »Und die Engel singen hören!«
Da antwortete Maria: »Die Engel können nur die hören, die auch für die Kleinen unter den Menschen ein offenes Ohr haben.«

## 77

## DER HIRT MIT DEN KRÜCKEN

Es war einmal ein Hirte. Der lebte auf einem Felde in der Nähe Bethlehems. Er war groß und stark, aber er hinkte und konnte nur an Krücken gehen. Darum saß er meistens mürrisch am Feuer und sah zu, dass es nicht ausging. Die anderen Hirten fürchteten ihn.
Als den Hirten in der Heiligen Nacht ein Engel erschien und die frohe Botschaft verkündete, da wandte er sich ab. Und als sie sich aufmachten, das Kind zu finden, so wie es ihnen der Engel gesagt hatte, blieb er allein am Feuer zurück. Er schaute ihnen nach, sah, wie das Licht ihrer Lampen kleiner wurde und sich in der Dunkelheit verlor. »Lauft, lauft! Was wird es schon sein? Ein Spuk, ein Traum!«

Die Schafe rührten sich nicht. Die Hunde rührten sich nicht. Er hörte nur die Stille. Er stocherte mit der Krücke in der Glut. Er vergaß, frisches Holz aufzulegen.
Und wenn es kein Spuk, kein Traum wäre? Wenn es den Engel gab? Er raffte sich auf, nahm die Krücken unter die Arme und humpelte davon, den Spuren der anderen nach.
Als er endlich zu dem Stall kam, dämmerte bereits der Morgen. Der Wind schlug die Tür auf und zu. Ein Duft von fremden Gewürzen hing in der Luft. Der Lehmboden war von vielen Füßen zertreten. Er hatte den Ort gefunden.
Doch wo war das Kind? Der Heiland der Welt, Christus, der Herr in der Stadt Davids?
Er lachte. Es gab keine Engel. Schadenfroh wollte er umkehren. Da entdeckte er die kleine Kuhle, wo das Kind gelegen hatte, sah das Nestchen im Stroh. Und da wusste er nicht, wie ihm geschah.
Er kauerte vor der leeren Krippe nieder. Was machte es aus, dass das Kind ihm nicht zulächelte, dass er den Gesang der Engel nicht hörte und den Glanz Marias nicht bewunderte! Was machte es aus, dass er nun nicht mit den anderen in Bethlehem durch die Straßen zog und von dem Wunder erzählte!
Was ihm widerfahren war, konnte er nicht mit Worten beschreiben. Staunend ging er davon. Er wollte das Feuer wieder anzünden, bevor die anderen Hirten zurückkamen. Doch als er eine Weile gegangen war, merkte er, dass er seine Krücken bei der Krippe vergessen hatte. Er wollte umkehren. Warum denn? Zögernd ging er weiter, dann mit immer festeren Schritten.

## QUELLENNACHWEIS

Trotz intensiver Bemühungen ist es uns nicht gelungen, alle Rechteinhaber zu ermitteln. Wir bitten diese daher um Verständnis, wenn wir gegebenenfalls erst nachträglich eine Abdruckhonorierung vornehmen können.

1 Aus: Norbert Lechleitner, Zeit für die Seele. 100 überraschende Weisheitsgeschichten, die jeden Tag ein wenig sonniger machen © Verlag Herder GmbH, Freiburg i. Br., 2008
2 Aus: Norbert Lechleitner, Sonne für die Seele. 100 überraschende Weisheitsgeschichten, die jeden Tag ein wenig fröhlicher machen © Verlag Herder GmbH, Freiburg i. Br., 2004
3 Gefunden in: Meister Eckhart, Von dem guten Morgen, in: Ders., Deutsche Predigten und Traktate, herausgegeben und übersetzt von Josef Quint, Carl Hanser Verlag, München 1963, S. 444
4 Genaue Quelle unbekannt
5 Genaue Quelle unbekannt
6 Albert Theile, in: Junge Mannschaft
7 Arabische Anekdote
8 Aus: Norbert Lechleitner, Auf den Flügeln des Glücks. Weisheiten für die Westentasche © Verlag Herder GmbH, Freiburg i. Br., 2009 (Originaltitel: Versenkung)
9 Zen-Weisheit
10 Überliefert
11 Aus: Rudolf Stertenbrink, Gottes Wort auf der Spur, Literarische Inspirationen für Predigt und Verkündigung © Verlag Herder GmbH, Freiburg i.Br., 2010
12 Rabbi Shmuel Avidor Hacohen
13 Hermann Multhaupt © Rechte beim Autor
14 Armin Kaupp © Rechte beim Autor
15 Heribert Haberhausen © Rechte beim Autor

16 Nach Konfuzius
17 Aus: Daniel Lifschitz, Auf drei Säulen ruht die Welt. Aus dem Italienischen von Christina Callori di Vignale © Verlag Herder GmbH, Freiburg i. Br., 1996
18 Irene Gratzer. Rechte bei der Autorin
19 Aus: Vorlesebuch Religion 2, Für Kinder von 5–12, herausgegeben von Dietrich Steinwede, Sabine Ruprecht. © Persen Verlag, Hamburg
20 Armin Kaupp © Rechte beim Autor
21 Genaue Quelle unbekannt
22 Gina Ruck-Pauquèt © Rechte bei der Autorin
23 Aus: Ursula Berg, Gute Gedanken wärmen das Herz. Geschichten von Freude, Hoffnung und Zuversicht zu Advent und Weihnachten © Echter Verlag Würzburg 2015 (Originaltitel: Ich schenke dir eine Stunde meiner Zeit)
24 Aus: Fynn, Hallo, Mister Gott, hier spricht Anna. © Fynn 1974. © Scherz Verlag Bern, München, Wien. Alle Rechte vorbehalten S.Fischer Verlag GmbH, Frankfurt am Main
25 Aus Persien – neu erzählt
26 Aus: Anthony de Mello, Eine Minute Weisheit. Aus dem Englischen von Ursula Schottelius © Verlag Herder GmbH, Freiburg i. Br., 2011
27 Marianne Pichlmann © Rechte bei der Autorin
28 Genaue Quelle unbekannt
29 Legende
30 Aus Japan – neu erzählt
31 Katharina Seidel © Rechte bei der Autorin
32 Charles H. Spurgeon
33 Aus: Hubert Rüenauver/Heribert Zingel, Den Sonntag feiern © 1992, Kösel-Verlag, München, in der Verlagsgruppe Random House GmbH
34 Aus dem Zen-Buddhismus
35 Elise Maclay
36 Katharina Seidel © Rechte bei der Autorin
37 Armin Kaupp © Rechte beim Autor
38 © Hermann-Josef Frisch, Overath
39 Armin Kaupp © Rechte beim Autor
40 Heribert Haberhausen © Rechte beim Autor
41 Überliefert

42 Max Bolliger © Nachlassverwaltung Robert Fuchs und Anke Hees, Zürich

43 Lieselotte Bindels/Rainer Korte, Symbolgeschichten für junge Leute, Don Bosco Verlag, München, 2. Aufl. 1990, S. 24 © Rechte bei der Autorin

44 Aus: Petra Hillebrand, Kurzgeschichten für Feiern und Gottesdienste. Taufe, Hochzeit, Beerdigung, 3. Auflage © Tyrolia-Verlag Innsbruck 2013

45 Mary Austin

46 Klemens Emmerich

47 Weisheit des Mittelalters

48 H. L. Gee, aus: ders., Fivehundred tales to tell again, Gee & Co Ltd., London 1955

49 Josef Osterwalder, aus: Ders., Erzähl mir eine Geschichte von Gott. Kleines Glaubensbuch für Kinder, Eltern und Erzieher. Topos Taschenbuch 178, Matthias-Grünewald-Verlag, Mainz

50 © Hermann-Josef Frisch, Overath

51 Michael Ende, Momo. Ein Märchenroman © 2009 Thienemann Verlag in der Thienemann-Esslinger Verlag GmbH, Stuttgart/Wien. www.thienemann.de

52 Aus: Norbert Lechleitner, Sonne für die Seele. 100 überraschende Weisheitsgeschichten, die jeden Tag ein wenig fröhlicher machen © Verlag Herder GmbH, Freiburg i. Br., 2004

53 Aus: Hermine König/Karl Heinz König/Karl-Josef Klöckner, Tut dies zu meinem Gedächtnis – Werkbuch zur Vorbereitung auf die Erstkommunion © 2005, Kösel-Verlag, München, in der Verlagsgruppe Random House GmbH

54 Ein Volkslied aus Umbrien

55 Aus: Petra Hillebrand, Kurzgeschichten für Feiern und Gottesdienste. Taufe, Hochzeit, Beerdigung, 3. Auflage © Tyrolia-Verlag Innsbruck 2013

56 Aus: Yoshi Nomura, Vom Anzünden des göttlichen Feuers. Lebensweisheit aus der Stille. Vorwort von Henri J. M. Nouwen © Verlag Herder GmbH, Freiburg i. Br., 1983

57 Aus: Don Piper/Cecil Murphy, 90 Minuten im Himmel. Erfahrungen zwischen Leben und Tod. © der dt. Ausgabe 2007 Gerth Medien GmbH, Asslar, in der Verlagsgruppe Random House GmbH, München

58 Ursula Berg © Rechte bei der Autorin

59 Stark verkürzt nach Robert Peterson
60 Aus: Nossrat Peseschkian, Der nackte Kaiser © 1997 Pattloch Verlag GmbH & Co. KG, München
61 Genaue Quelle unbekannt
62 Aus: Axel Kühner, Zuversicht für jeden Tag, Neukirchener Verlagsgesellschaft mbH, Neukirchen-Vluyn, 5. Auflage 2013
63 Verkürzt nach Leo Tolstoi
64 Armin Kaupp © Rechte beim Autor
65 Volkhard Spitzer © Rechte beim Autor
66 Aus: Norbert Lechleitner, Oasen für die Seele. 201 überraschende Weisheitsgeschichten, die jeden Tag ein wenig leichter machen © Verlag Herder GmbH, Freiburg i. Br., 2009
67 Joseph Weissmann, Singen-Bohlingen
68 Überliefert
69 Aus: Vorlesebuch Religion 1, Für Kinder von 5–12, herausgegeben von Dietrich Steinwede, Sabine Ruprecht. © Persen Verlag, Hamburg
70 Aus: Markus Lautenbacher, Familiengottesdienste für die Adventszeit © Verlag Friedrich Pustet, Regensburg 2010, S. 43f.
71 Ursula Berg © Rechte bei der Autorin
72 Barbara Hug
73 Genaue Quelle unbekannt
74 Aus: Max Bolliger, Der Weihnachtsnarr. Illustrationen von Bruno Bischofberger © Verlag Herder GmbH, Freiburg i. Br., 1990
75 Aus: Max Bolliger, Ein Duft von Weihrauch und Myrrhe, Weihnachtslegenden © 2009 Verlag am Eschbach der Schwabenverlag AG, Eschbach/Markgräflerland
76 Verkürzt, genaue Quelle unbekannt
77 Aus: Max Bolliger, Ein Duft von Weihrauch und Myrrhe, Weihnachtslegenden © 2009 Verlag am Eschbach der Schwabenverlag AG, Eschbach/Markgräflerland

# Viel Glück

Willi Hoffsümmer/Anneliese Hück (Hg.)
**70 Glücksfenster**
Geschichten zum Geburtstag

Format 12 x 19 cm
120 Seiten
Hardcover mit Leseband
ISBN 978-3-7867-2856-6

»Viel Glück!« oder »Viel Glück und viel Segen!« wünschen wir, wohl wissend, dass die Farben des Glücks so vielfältig sind wie ein bunter Blumenstrauß. Wer dabei nur die Rosen im Blick hat, übersieht leicht die kleinen Gänseblümchen am Weg. Die 70 Geschichten dieses Geburtstagsbuchs sind Fenster, die unseren Blick auf die ganz verschiedenen Facetten des Glücks lenken – so können unsere Glück-Wünsche wirklich in Erfüllung gehen.

PATMOS www.patmos.de